支援者・家族のための

ひきこもり 相談支援

実践ガイドブック

8050問題、発達障害、ゲーム依存、
地域包括、多様化するひきこもり支援

原田 豊 著
（精神科医）

福村出版

はじめに

　近年、ひきこもりの問題が全国的に大きな話題となっていますが、その背景には、思春期から青年期のひきこもり者だけではなく、いわゆる「8050問題 注」に見られるような、中高年ひきこもり者への今後の支援のあり方の課題もあるものと思われます。

　この本では、私が勤務する鳥取県立精神保健福祉センター（以下、鳥取センター）での経験をもとに、ひきこもり者の理解や支援について記載しています。精神保健福祉センターは、全国の都道府県、政令市に1か所ずつ設置されており、精神保健福祉に関する技術指導および技術援助、普及啓発、精神保健福祉相談などさまざまな業務を行っていますが、それぞれのセンターによって地域事情を反映した特色もあり、鳥取センターは、特に精神保健福祉相談にも力を入れ継続的な面接も行っています。

　私は、1991（平成3）年10月に鳥取センターに赴任したのですが、その数年後より全国的に不登校の子どもが増加し、大きな社会問題となりました。鳥取センターでは年齢を問わず相談を受けているのですが、当時はまだまだ相談先が少なかったこともあり、鳥取センターにも不登校の相談が増加し、学校現場との連携を持ちながら相談・支援を行っていました。多くの子どもは、ゆっくりとひと休みをしてから再び学校に戻っていきましたが、一方で、進学、就職することもなく、自宅にひきこもる子どもも増えてきました。平成9年度（1997）に安田生命社会事業団の研究助成をいただいて、20歳以前よりひきこもり状態が4か月以上続いている者を対象とした調査を行い、「長期引きこもりの実態と家族関係——引きこもりを持つ家族への援助を考える——」[1]という報告をしましたが、このころから、増えつつある思春期から青年期のひきこもり者への支援をどうするのかが大きな課題となり、鳥取県では、平成14年

注　80代の高齢の親と50代のひきこもりの子が同居する家族の問題。

度（2002）に県独自のひきこもり者社会参加事業を立ち上げることになりました。内容は、ひきこもり者職場体験事業、共同生活事業（利用者減少のため、平成17年度〈2005〉で中止）、相談事業などであり、任意団体（その後、NPO法人）に委託され、この事業は、平成21年度（2009）に開設された「とっとりひきこもり生活支援センター（鳥取県のひきこもり地域支援センターの名称、以下、鳥取ひきこもりセンター）」に引き継がれています（委託先は同じNPO法人）。これにより、鳥取県におけるひきこもり相談は、鳥取センターでも鳥取ひきこもりセンターでも受けるという体制をとっており、また、県内各保健所においても、ひきこもりの相談を受けるとともに、ひきこもり家族教室が開催されています。

　現在、鳥取ひきこもりセンターは、訪問を含む相談事業や職場体験事業に加え、家族教室の開催、居場所作り（ときに、男子会、女子会など）などの幅広い支援を行ってきていることもあり、鳥取センターの業務は、本人および家族の面接相談（診断、鑑別を含む）、鳥取ひきこもりセンターや保健所、市町村と連携した支援、精神障害者保健福祉手帳の診断書作成、障害年金申請への支援、各機関が開催する家族教室や連絡会などでの講義や助言、支援者を対象とした研修会の開催などが中心になっています。なお、鳥取センターでは薬物療法は行っていませんので、薬物の効果が期待できると思われ、本人が希望された場合には、精神科医療機関に紹介し連携をとらせていただいています。

　また、思春期の不登校やひきこもりの人を見ていく中で、背景に発達障害を有する人が少なくないという印象を当初から抱いていました。しかし当時は、発達障害関連の書籍は今のように数多く出版されてはおらず、書店に行ってもせいぜい2、3冊が置かれている程度でした。「ひきこもりの人の中に発達障害の人が少なくない」と話題にしても、ほとんど反応もなく、逆に、「そういう目で見るのはよくない」と言われる人もいました。

　しかし、近年、全国にひきこもり地域支援センターが開設され、「8050問題」で中高年のひきこもり者への支援が課題となり、地域包括支援センターもひきこもり支援に関わり始めるなど、ひきこもり者本人や家族の支援を行う人

が増えてきました。現場でひきこもり支援をしている人たちには、この実感（発達障害の傾向を持つ人が少なくない）がとてもよく伝わります。今では、ひきこもりの講演を受けるとき（対象を、精神保健福祉センターと連携した現場でひきこもりの支援を行っている人に限定していることもあり）、「次回は成人の発達障害について学びたい」とか、初回から「発達障害の話もしてほしい」と言われることも珍しくなくなりました。

　これまで、なぜか（?）ひきこもりの問題が語られるときに、発達障害の課題に触れられることが少なかったのですが、この本では、発達障害に関しても積極的に記載しています。ただし、本文にも書かせていただいていますが、重要なことは、発達障害の診断名をつけることや医療機関受診を急ぐことではなく、支援者が、発達障害の特性を十分に理解して発達障害を有する人（あるいは、その傾向を有する人）の生きづらさを知ることにあります。

　ひきこもり支援に関わって20年以上が経ちました。この本は、数多くの鳥取センターの事例の経験（十数年継続している人もいれば、中学生のときに面接をしていて30歳になって再度面接を希望して来所される人もいます）をもとに書いていますが、私個人が関わってきたというよりは、一緒に面接や支援を行ってきた鳥取センターのスタッフと、鳥取ひきこもりセンターや保健所・市町村などの関係機関との連携があったからこそ、この本ができあがりました。

　たくさんのひきこもり者本人とも面接を重ねてきていますが、100人いれば100の思いがあり、本人の気持ちを文字にするということは難しいものです。また、家族面接が中心で、直接お会いできていない人も少なくありません。そういうこともあり、この本は、主にひきこもり支援に関わっている人、これから支援を始めようと思っている人が読まれることを念頭に置いて記載していますが、一方で家族の方にも十分読んでいただけるような内容にしているつもりです。また、多くの医療機関では本人が受診されないと家族だけへの対応は難しいと断られることが少なくないのが現状です。しかし、ひきこもりの相談の大半は、家族の相談から始まり、本人の中にも相談なら行くが医療機関には行かないという人も多く、現実に鳥取センターへ相談に来られる人のほとんどは

医療機関を受診していません（経過の中で、医療機関と連携していく人はいます）。その点では、医療機関側から見たひきこもり問題の視点とは少し内容は異なるかもしれません。

　ここ数年、研修会では地域包括支援センターに勤務されるスタッフの参加も増え、ひきこもり地域支援センターや地域包括支援センターの方々からのさまざまな経験談を聞かせていただき、私のほうもとても勉強させてもらっています。また、研修の場では、いろいろな質問を受けるのですが、時間の関係もあり十分にお答えするだけの余裕がなくいつも申し訳なく思っています。この本の項目の中には、これまでにいただいた質問（訪問について、家庭内暴力への対応、発達障害について、ゲーム依存についてなど）にも、少しですがお答えするつもりで記載しています。この本は、途中経過報告のようなもので、ひきこもり支援はまだまだ現在進行形です。これまでに多くのひきこもりの本人や家族とお会いしてきましたが、今も新しい相談が増えています。それぞれに抱えている状況は異なっており、ここに書かれていることがすべて正解というわけではありませんが、ひきこもり支援を考えるうえで何らかのお役に立てればと思います。

鳥取県立精神保健福祉センター
所長　原田　豊

※本文中も、鳥取県立精神保健福祉センターは、「鳥取センター」と記載しています。
この本で記載されている事例は、いずれも特定の一個人を示したものではありません。私たちが経験してきた多くの人たちをもとに創作した架空の事例であることをご了解ください。

支援者・家族のための
ひきこもり相談支援実践ガイドブック

もくじ

第 II 部　ひきこもりを取り巻く「病気」「障害」の理解

第Ⅰ部　ひきこもりの理解と支援

第1章　ひきこもりの基礎理解

1　ひきこもりの定義と分類

ひきこもりというのは、病名ではありません。ひきこもりとは、

・仕事をしていない。

・学校に行っていない。

・自宅にひきこもっている。

・人とのつながりがない（親密な対人関係がない）。

などの状況が長期にわたって続いている状態です。[1] 一方で、ニートという言葉があります。もともと、ニートは、イギリスから出てきた言葉であり、NEET（Not in Education, Employment or Training）として示されるように、就学・就労・職業訓練のいずれも行っていないことを意味しています。ひきこもりも、就学・就労・職業訓練のいずれも行っていないということではニートの概念にも含まれますが、ニートとひきこもりとは、基本的に大きな違いがあります。

ひきこもりの人たちは、これに「自宅にひきこもっている」「人とのつながりがない」という概念が加わっています。この対人関係の困難さが、ひきこもりの理解・支援において大きな課題となってきます。

1　もともと、「（社会的）ひきこもり」の定義として、精神障害ではないことも含まれていましたが、実際に、ひきこもり支援をしていく中で、背景に、発達障害を有するものも少なくなく、また、8050問題で出会うひきこもり状態にある人の中には、知的障害や未治療の統合失調症を認める場合もあり、あえてここでは、ひきこもりの定義の中に、精神障害ではないという部分は含まずに考えています。

　ニートの人たちは仕事をしていないけれども、友だちと遊びに行ったり、カラオケに行ったり、ゲームセンターに行ったり、結構、遊ぶことはできる、仕事以外では対人交流ができています。しかし、ひきこもりの人の多くは、家族以外の人とは、ごく特定の人を除いて、ほとんどつながりがありません。仮に話をしても、対人不安、緊張が高く、ごく短時間の会話にも強い疲労感を覚えます。あるいは、人と出会うことを極力避けるようにしている人もいます。ひきこもり者自身が、人と出会うことに強い不安、緊張感を抱き、ときに拒否を示します。ひきこもり支援の一番難しい点は、この部分にあります。

　近年、ひきこもり支援は、地域における精神保健福祉の分野において重要な課題となっています。それは、ひきこもりの背景に、何らかの精神疾患や障害が存在していることが少なくなく、一方で、地域の中で事例化（家庭内暴力、近隣トラブルなど）しているにもかかわらず、医療機関では十分な対応がなされない、福祉サービスでは十分な支援が行われないといった困難事例が増加してきていることにあります。ここでは、ひきこもりの分類から、それぞれの特徴を考えるとともに、今後のひきこもり者の抱える課題について考えていきたいと思います。

　今から、30数年前、自宅にひきこもっている人の多くは統合失調症などの内因性精神疾患を有していました。興奮や著しい不眠などがあり、たとえば、幻聴が聞こえている、被害妄想で自分が見張られていると感じている、そのため部屋を暗くしてカーテンを閉め切って家の2階でひきこもっているという人がいました。けれども、そういう人たちは、病院を受診し、抗精神病薬を中心とした薬物療法により幻覚・妄想が治まってくれば、再び社会参加をしていくことができます。また、1993（平成5）年に障害者基本法が改正され、2006（平成18）年に障害者自立支援法（2013〈平成25〉年に障害者総合支援法に改正）が施行され、地域の中に統合失調症者をはじめとする精神障害者が利用できる就労支援、在宅支援の制度も増えてきました。以前のように統合失調症の人たちがひきこもっているというのは、それほど多くはなくなってきています。

　ところが、20年ほど前から、統合失調症などの内因性精神疾患を有しない
ひきこもり者が増えてきました。自宅にひきこもっている子どもを、家族が
やっとの思いで病院に連れていったところ、いざ診察の場面ではごく普通に話
をし、特に統合失調症のような幻覚や妄想などの病的体験を認めず、精神科医
から、「病気ではありません」「薬では良くなりません」とか、「治療の必要は
ありません」「入院する必要はありません」と言われ、医療機関での治療につ
ながりません。

　このような精神疾患を有しないタイプのひきこもりを、当時は「社会的ひき
こもり」とよんでいましたが、今は一般的にひきこもりというと、この社会的
ひきこもりのことを指しています。

　一方で、10年くらい前から社会的ひきこもり者の中に、小中学校のときか
ら不登校を経験していたり、職場の不適応があったり、実は、ひきこもりになる
前からさまざまな課題を抱えており、かつ、その課題の背景に、もともと対
人緊張・集団恐怖が強い、人と付き合うことに著しい疲労感（対人疲労）を覚える、コミュニケーションがうまくできない、という人が少なくないことがわかってきました。これらの中には、自閉スペクトラム症をはじめとする発達障害、あるいは発達障害の傾向を有する人が少なくありません。

　このように、ひきこもりは大きく三つに分類して考えるこ

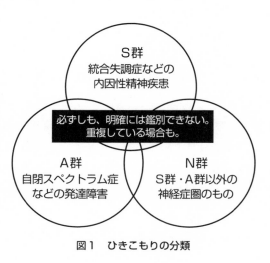

図1　ひきこもりの分類

（図中）
S群
統合失調症などの
内因性精神疾患

必ずしも、明確には鑑別できない。
重複している場合も。

A群
自閉スペクトラム症
などの発達障害

N群
S群・A群以外の
神経症圏のもの

2　ここにおける分類は、精神疾患の有無だけではなく、生活支援・就労支援の立場から、「障害」の存在を視点に置いています。これまでの「ひきこもりの評価・支援に関するガイドライン」（2010）(2) では、診断と支援方針に基づき、第1群、第2群、第3群と分類されていますが、ここでは内容が少し異なるため、S群、A群、N群としています。

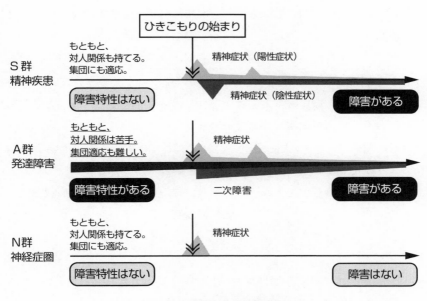

図2　ひきこもりの分類別の比較

とができます（図1）。

1)　S群（統合失調症 schizophrenia などの内因性精神疾患を有するもの）

2)　A群（自閉スペクトラム症 autism spectrum disorder：ASD などの発達障害も
　　しくはその傾向を有するもの）

3)　N群（内因性精神疾患や発達障害などを有しない、神経症 neurosis 圏のものな
　　ど）

　この分類は、ひきこもりになる以前から、**コミュニケーション障害や対人緊
張などの（先天的な）障害特性を有していたのかどうか、ひきこもり状態が改善
した後も何らかの障害を残しているのかどうかという点で区別**されており、これ
らの障害（あるいは、その傾向・特性）の存在が、支援を考えていくうえで重要
になってきます（図2）。

　しかし、実際の現場では、統合失調症などの精神疾患や発達障害の診断や鑑
別は難しく、また、すぐに医療機関に結びつけることが難しい人も少なくあり

ません。また、これらの3群は必ずしも明確に分類できるものではなく、発達障害の診断そのものも医師によって判断が異なることもあります。診断にこだわりすぎて、支援者の最初の目的が医療機関の受診になってしまうと、ひきこもり者から拒否され、ますます介入が困難になることもあります。そのため、ひきこもり者への支援に入るときは、これらの分類があるということを念頭に置きながらも、緊急の危機状態でない限りは、まずは、ひきこもり者本人や家族と良好な関係（安心・安全と感じてもらえる関係）を結ぶことが重要です。

　なお、長期化しているひきこもり事例の中には、単にひきこもっているというだけではなく、著しい対人恐怖、易刺激、強迫症状などの精神症状を有しているものが多く見られ、ひきこもり状態の改善には、これらの症状を理解していくことが必要となります。

　S群（統合失調症などの内因性精神疾患を有するもの）の場合は、医療機関に受診勧奨し、抗精神病薬を中心とした薬物療法や福祉サービスの利用により、ひきこもり状態は改善していきます。しかし、最初から必ずしも精神疾患と判断できるわけではなく、本人が受診しないので病気かどうかわからないこともあります。また、小学校のころに発達障害の診断がなされ支援を受けている人の中にも、高校、大学のころから幻覚・妄想が見られることもあります。発達障害か統合失調症か鑑別が難しいだけではなく、もともと発達障害がある人の中にも、積極的な薬物療法が効果的な精神症状を認める人や統合失調症を発症する人もいます。

　以前は、被害妄想的な言動や興奮、独語が見られると統合失調症を疑いましたが、最近では、発達障害の人の不適応反応にも、このような症状が見られることも少なくないことがわかってきました。自室で独語を認めても、統合失調症の場合もあれば、発達障害の場合もあります（経験的に、激しい空笑〈独り笑い〉があれば統合失調症を疑いますが）。発達障害の人の中には、二次障害も加わって聴覚過敏などが高まり、隣の家の音がうるさいと感じられることがあります。そのことでイライラする場合もあれば、「隣の家の音がうるさいのは、

嫌がらせのために、わざと音をたてているから」と被害妄想のような症状が出現し、近隣トラブル（大きな声で怒鳴り散らすなど）に発展することもあります。この場合、市区町村や保健所では、本人のひきこもりだけではなく、隣の家からトラブルを何とかしてほしいという相談を受けることもあります。

　これが統合失調症の幻聴であれば、精神科医療機関を受診し、抗精神病薬の投与により症状は改善します。一方、発達障害による聴覚過敏では、環境調整（部屋の場所を替える、隣家との間に壁を作ったり、防音ガラスにしたりするなど）により症状が軽快することもあります。また、統合失調症でなくても、薬物療法により症状がある程度軽減する人もいます（あまり効果のない人もいます）が、服薬に拒否的な人は少なくなく、すぐには投薬による治療への導入が困難な場合も多々あります。

　これまでの支援者の経験や知識から、ひきこもり者に発達障害の傾向があると思った場合には、まず発達障害としての関わり（具体的に、丁寧に、穏やかに接すること、ストレスと感じることを極力軽減すること、望まないことはしないなど）をするようにします。

　ひきこもり支援が広がっていく中で、これまでの市区町村や保健所における精神保健分野の関わり方が変わってきています。もともと市区町村や保健所の精神保健の業務というのは、精神疾患を有する人たちをいかに受診勧奨し、医療機関につなげるのかということが中心になっていました。病院を受診すれば、その後は病院のほうがある程度サポートしてくれるという、一つのゴールがありました。もちろん完全に切り離すわけではありませんが、支援の主体が病院になっていきます。生活・就労支援を希望すれば、障害者相談支援事業所などが継続的な関わりを持ち、さまざまな福祉サービスの提供を相談することができます。しかし、**ひきこもり支援の現場では、医療や福祉の利用を本人が拒否する事例は少なくなく、このため、十分な状況の改善が見られないまま市区町村や保健所が長期に関わることとなる「支援の長期化」が近年の課題**となっています。

2　ひきこもり者の数

　ひきこもりの人はどれくらいいるのでしょうか。15歳以上39歳以下を対象とした「若者の生活に関する調査報告書（内閣府政策統括官共生社会政策担当平成28〈2016〉年9月）」[3] によれば、狭義のひきこもり（「ふだんどのくらい外出しますか」の質問に対して、「近所のコンビニなどには出かける」「自室からは出るが、家からは出ない」又は「自室からほとんど出ない」と回答したもの）は17.6万人（0.51%）、準ひきこもり（「趣味に関する用事のときだけ外出する」と回答したもの）は36.5万人（1.06%）であり、広義のひきこもり（狭義のひきこもりと準ひきこもりを合わせたもの）は54.1万人（1.57%）と報告されています（表1上）。また、「生活状況に関する調査報告書（内閣府政策統括官共生社会政策担当平成31〈2019〉年3月）」[4] では、40歳以上64歳以下を対象とした調査が行われ、狭義のひきこもりは36.5万人（0.87%）、準ひきこもりは24.8万人（0.58%）、これらを合わせた広義のひきこもりは61.3万人（1.45%）と報告されています（表1下）。これら二つの調査結果を合わせると、狭義のひきこもりは54.1万人、準ひきこもりを含めた広義のひきこもりは115.4万人となります。

　また、15歳以上39歳以下を対象とした2016年の内閣府の報告では、10人に1人がひきこもりを経験していると報告しています。そして、過去に広義のひきこもり状態であった人のひきこもり状態にあった期間は、1年以内がおよそ4割、3年以内が3分の2であったとする一方で、およそ2割が改善に5年以上を要しています（図3上）。40歳以上64歳以下を対象とした2019年の報告では、3年以内がおよそ半数であるのに対し、5年以上はおよそ3分の1と、中高年層のほうが長期化の傾向にあります（図3下）。

　このように、ひきこもりは、ひきこもっている期間の長さによって、3年以内に状態が改善する「短期改善タイプ」と、5年以上にわたってひきこもり状態が続く「長期化タイプ」があります。3〜5年は、その中間という感じでしょうか。経験的には、短期改善タイプは三つの分類で示したN群に多く、

表1　ひきこもり者数

若者の生活に関する調査報告書 （15歳以上39歳以下、n=3,115）	該当人数	割合（%）	推定数（万人）	（2016年9月）
ふだんは家にいるが、自分の趣味に関する用事のときだけ外出する。	33	1.06	36.5	準ひきこもり 36.5万人
ふだんは家にいるが、近所のコンビニなどには出かける。	11	0.35	12.1	＋ 狭義のひきこもり 17.6万人
自室からは出るが、家からは出ない。又は自室からほとんど出ない。	5	0.16	5.5	▼
	広義のひきこもり＝1.57% 狭義のひきこもり＝0.51%			広義のひきこもり 54.1万人

生活状況に関する調査報告書 （40歳以上64歳以下、n=3,248）	該当人数	割合（%）	推定数（万人）	（2019年3月）
ふだんは家にいるが、自分の趣味に関する用事のときだけ外出する。	19	0.58	24.8	準ひきこもり 24.8万人
ふだんは家にいるが、近所のコンビニなどには出かける。	21	0.65	27.4	＋ 狭義のひきこもり 36.5万人
自室からは出るが、家からは出ない。自室からほとんど出ない。	7	0.22	9.1	▼
	広義のひきこもり＝1.45% 狭義のひきこもり＝0.87%			広義のひきこもり 61.3万人

（内閣府政策統括官，2016および2019より作成）

過去の広義のひきこもり状態の継続期間

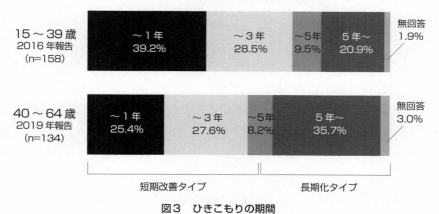

図3　ひきこもりの期間

（内閣府政策統括官，2016より作成）

逆に、長期化タイプはA群に多く見られ、さまざまな精神症状が随伴することもあります。しかし、同じA群でも、二次障害のあまりない場合や障害特性が日常生活に大きな支障を生じないものであれば、短期に改善する傾向もあります。このことから、ひきこもりの長期化の予防には二次障害を防ぐことが重要であり、二次障害を防ぐためには、支援する人がひきこもりや発達障害についての理解を十分にしておくことが必要となってきます。なお、S群は、いかに早期に治療導入が行われるか、適切な治療や福祉サービスが提供されるかが、ひきこもりの状態を長期化させないために重要となります。

3　ひきこもりの基礎理解と回復過程

(1) ひきこもりの基礎理解

　ひきこもりの相談を受けていると、家族や支援者から、「ひきこもりの人を外に連れ出すには、どうしたらよいでしょうか」「ひきこもりの人が集まる場所はありませんか」と聞かれることがあります。けれども現実は、集まる場所がないというよりは、そういう場所があっても行けない人たちがひきこもりなのです。

　ひきこもりの人の多くは、「出ない」のではなく「出られない」のです。そして、ひきこもりの支援は、この「出られない」を理解し保障していくところから始まります。

　ここでは、ひきこもりの基礎理解と回復過程を説明し、その対応を段階ごとに説明します（図4、5）。

　この回復過程の分類の基礎となっているのは、ひきこもり者の多くが抱いている、人間関係への不安、緊張、疲労感です。「充電期」では、自宅でも家族と接することは最小限で、自室で一人で過ごすことが多く、絶えずイライラ感を持っています。「安定期」では、自宅では落ち着き、家族とは以前のように話せるようにはなってきますが、家族以外の人と出会ったり外出するとひどく疲れを感じます。「活動期」に入ると、人と出会ったり外出したりしても、それ

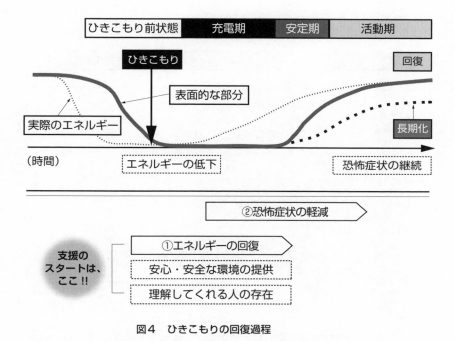

図4　ひきこもりの回復過程

ほど大きな疲れを感じなくなってきます。

　たとえば、これを親戚の集まり（法事）で考えてみます。「充電期」では、家族としては、本人は法事に行くわけがないのはわかっていますが、法事があるということを本人に伝えたほうがよいのか、伝えて「行けるわけないだろう」と怒ったらどうしたらよいかという悩みがあります。「安定期」では、とりあえず法事には行けるかもしれませんが、まだ、緊張感が高いので、当日になったら「やっぱり行くのはやめる」と言ったり、法事に出ても1時間で帰ってしまうかもしれません。また、法事に出て1時間近く親戚と話しただけなのに、その後の疲労が激しく、2、3日ぐったりとしていたり機嫌が悪かったりして、家族から見ても、まだまだ人と会うのは疲れるのだと再確認したりします。「活動期」になると、法事で1時間ほど久しぶりに親戚と話をして、家族は疲れが後あと出ないか心配だったけれども、意外と法事から帰ってからも、

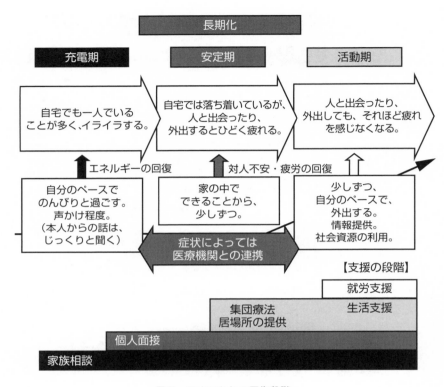

図5　ひきこもりの回復段階

それほど機嫌も悪くなく、今までどおりの日常生活を送っており、家族としてもずいぶんと元気になってきたなと感じます。

　ひきこもりの相談・支援も、回復段階によって異なってきます。「充電期」では、本人が相談に来ることは少なく、主に家族相談が中心になります。「安定期」になると、本人が相談に来られることも増え個別の面接などが行われますが、並行して家族の相談も継続したいところです。「活動期」となると、徐々に本人も集団の中に入れるようになり、集団療法や居場所の利用なども行われてきます。また、このころから就労支援も行われるようになりますが、中高年層となると、むしろ一人暮らしに向けての生活支援や経済支援などをどう

していくのかという課題が中心になることもあります。なお、多くの場合、この段階は停滞・長期化することがあります。停滞しているときも、本人・家族と関係を保ち続けることが重要です。

(2) ひきこもり前状態

　ひきこもりになるきっかけはさまざまです。不登校の状態から、そのままひきこもりになった人もいれば、仕事を辞めてから、ひきこもりになった人もいます。きっかけは何か、自分自身でもわからない人もいます。ひきこもりの背景にある大きな課題の一つが、多くの身体的、精神的な疲労が長期に続いた結果によって生じたエネルギーの低下です。

　多くの場合、エネルギーが低下したからといって、すぐにひきこもりの状態になるわけではありません。8割、9割エネルギーが落ちてから初めて学校や職場に行かなくなり、ひきこもりが始まります。これを、車にたとえてみます。車はガソリンが満タンであっても、10分の1しか残っていなくても、同じ時速60キロメートルで走ることができます。周囲の人からは、ガソリンが満タンなのか、残りわずかなのか、全然わかりません。多くの車はガソリンを給油しながら、余裕を持って時速60キロメートルで走っています。しかし、ひきこもりに至る状況というのは、非常に多くのストレスの中で給油する余裕もなく、どんどんエネルギーが減っていく状態です。ましてや非常に燃費の悪い車です。

　そして、前日まで時速60キロメートルで走っていた車が、ある日突然ガス欠で止まってしまいます。傍から見るとなぜと思われるかもしれません。周囲の人は、車が止まって初めて何とかしなければいけないと思い、後ろから車を押しますが、もう車は動きません。この状態になると、まずは、じっくりと時間をかけて、エネルギーを回復する必要があります。もっとも、エネルギーそのものは具体的な数値として見ることはできません。では、エネルギーが低下してくるときには、どのようなサインがあるのでしょうか。

〈エネルギー低下のサイン〉

1.　気分の落ち込み、疲れやすさ、体の不調（頭痛、めまい、下痢など）。

2.　帰宅後の変化（ぐったりする、イライラする、疲れているなど）。

3.　睡眠障害（入眠困難、途中覚醒－再入眠困難、熟眠障害－日中の眠気）。

4.　人と会うことを避ける、何ごとにも関心を示さない。

　エネルギーが低下してくると、多くの場合は、気分が落ち込んだり、元気がなくなったり、疲れやすかったり、体の不調（頭痛、めまい、下痢など）が見られるようになります。しかし、周囲の人は本人の変化やそのサインになかなか気づくことができません。

　学校や職場の中で、どれだけ身体的・精神的疲労が溜まっているか、そのサインが一番表面に出やすいのは、家に帰ってきたときです。本人は外では思いっ切り周囲に合わせて気を遣っていて、自宅に戻った時点で、その緊張感が一気に解放されます。そのときの状態を見れば、およその判断がつきます。

　本人や家族と面接をするときには、自宅に帰ってから夕食までの時間帯の過ごし方を質問します。

　「何時に、帰宅しますか」（「午後5時半頃です」）

　「夕食は、何時に食べますか」（「午後7時頃です」）

　「では、自宅に帰った午後5時半から7時の夕食までの時間をどのように過ごしていますか」

　まだ、エネルギーに余裕のあるときなら、帰宅後、家族に学校や職場の様子を話してくれる、すぐに着替える、家事の手伝いをする、宿題をすませる、友だちと遊びに行く、きょうだいで仲良く遊ぶなどの様子が見られます。一方で、外での生活が一杯いっぱいで疲れ切っている場合は、家に帰ったら、ぐったりしている、学校や職場の話題に触れようとしない、ぼうっとしている、自室にこもっている、家族にイライラをぶつける、きょうだい喧嘩をするなど、明らかにつらい、苦しい、非常に疲労が溜まっているという言動が見られます。

　このように、家に帰ってからの様子を見て、非常に疲労が溜まっている状態

にあると思ったら、外での生活、学校や職場での様子を聞いてみます。たとえば、本人が学生で運動会の季節だとすると、週末に運動会があり毎日運動会の練習が厳しく、それに対して強いストレスを感じているのだろうと思われます。その場合には、とりあえず運動会が終わるまで様子を見ます。しかし、これといって具体的な原因がよくわからない場合には、すでに学校の日常生活そのものが強いストレスになっているのではないかと考えます。子どものストレスで最も多いのは、具体的な行事よりも、クラスや部活動での人間関係、友だち関係です。友だち関係で何かストレスフルなことが起きているということであれば、本人と話をして学校のほうとも連携することを考えます。

この他にも、エネルギーが落ちているサインとして、睡眠障害があります。寝付きが悪くなったり（入眠困難）、夜中に何度も目が覚めて一度目が覚めると再び寝付くのに時間がかかったり（途中覚醒－再入眠困難）します。睡眠は、どれだけの時間、眠れているかだけではなく、質の良い睡眠がとれているかも重要です。ストレスが溜まってくると、睡眠時間が短くなるだけではなく、睡眠の質も悪くなってきます（熟眠障害）。質の良い睡眠が十分にとれているかどうか、一番わかりやすいのは「日中の眠気」です。午後になってくると日常生活や仕事に影響を与えるくらいの強い眠気に襲われる、学校や仕事から帰ってくると夕食の前にひと眠りしてしまうというのは、慢性的な睡眠不足の状態にあるときです。この場合は、意識して十分な睡眠時間を確保することが必要になってきます。また、エネルギーが低下してくると、人と会うことを避け、何ごとにもあまり関心を示さなくなっていきます。

このように、非常に疲れが溜まっているなと感じられた場合は、自宅では、あまり無理をせず、自分のペースでのんびりと過ごせるようにします。このときに、学校や職場に今は行きたくないと言ったときは、無理をさせず本人の気持ちに任せます。しかし、それでも、家族や周囲が本人の状態に気づくことがなかなか難しい場合もあります。

【事例1】

中学校2年、男子。

とてもまじめで、学校の先生や同級生からも信頼がありました。しかし、集団緊張が高く、学校の中ではごく普通に振る舞っていましたが、実は非常に疲労を感じ、小学校6年のころから、自宅に帰ると一気に緊張感から解放されるのか、玄関で倒れ込み、そのまま寝込んでしまうようになりました。母は、そのことをよく理解していたので、玄関で寝ている本人に毛布を掛けて、ゆっくりと寝させてくれていました。本人は、2時間ほどしてようやく起き上がり、着替えて夕食をとり、入浴し何とか宿題をして寝るという生活を続けていました。

しかし、2学期の初め、担任や同級生から推薦されクラス委員になりました。本人は、「何とかギリギリの状態で頑張ってきたのに、これ以上クラス委員をするのは無理」と母に告げ、それから10年間自宅にひきこもってしまいました。ちなみに担任や同級生は、彼がそれほど疲れているということにはまったく気づいていなかったようです。現在、成人した彼は、少しずつ外出できるようになり、「自閉スペクトラム症」の診断で障害年金を受給しながら、就労継続支援事業所に通っています。自宅ではパソコンなどをして過ごしていますが、まだまだ集団の中に入るには、強い緊張、疲労を感じるようです。

【事例2】

中学校1年、男子。

夏休み明けから不登校になったと、母から相談がありました。改めて話を聞くと、4月、5月頃は、自宅に帰ってからも元気で学校の様子を母に話し、友だちとも遊びに出かけていました。しかし、7月に入ったころから、自宅に帰ってきても部屋にこもるようになりました。休みの日も、4月、5月頃は、友だちと一緒に外に遊びに出かけていましたが、7月以降は、土日も外に出かけることなくゴロゴロして家で過ごすようになってしまいました。母も、最初は夏休み明けからの課題だと思っていましたが、実は、7月頃からすでに疲れ

が溜まりだし、それでも、もうすぐ夏休みだと思って頑張って登校したものの、夏休みが終わっても十分に回復しておらず、結局、不登校になってしまったのだろうと理解をし始めました。その後、本人とも面接をしましたが、実は小学校 6 年の 3 学期頃から疲れてきており、中学校に入って頑張ろうと思ったけれども、クラスに親しい友だちもなく、だんだんと疲労が溜まってきたとのことでした。

　しばらくは、家でのんびりと過ごしてエネルギーを蓄えることとしました。進級の際には、学校側もクラス分けに配慮し、2 年の夏休み前頃から少しずつ相談室登校を始めました。3 年の 5 月の連休が終わったころから教室にも入れるようになり、無事に高等学校に進学しました。

(3)　ひきこもりの回復過程①：充電期
1)　充電期の症状と支援

　エネルギーが低下し、ひきこもりが始まると、最初のころは、部屋にこもる時間が増えてきます。イライラして怒りっぽかったり、落ち込んだりします。家族とも顔を合わせず、食事も一緒にとりません。本人は、自分でも今の状況に納得できない、受け入れられない気持ちでいます。エネルギーも低下し、何もすることができない自分自身に対して強い怒りや焦りを感じています。そして、人と会うことにも強い不安・恐怖を感じ、疲労しています。この段階は、エネルギーを蓄える時期、「充電期」です。

　この時期は、本人が相談に来ることは少なく、主に家族からの相談が中心です。このとき、医療機関に相談に行っても、「本人を連れてこないとわかりません」と言われることがありますが、相談機関はそうではありません。**家族相談を大切にしていきましょう**。まずは、相談にやって来られた家族をねぎらい、家族の不安を和らげ、それから一緒にこれからのことを考えていくことになります。本人が相談に来られた場合には、本人は完全にエネルギーが低下している状態なので、この段階では、エネルギーを回復させるところに重点を置きます。この時期に、慌てて無理に外に連れ出そうとする行為は逆効果となり、ま

すます不安や緊張が高まり、ひきこもりの状態を悪化させるだけではなく、親子の信頼関係をもこじれさせてしまいます。

　中には、ゲームやスマホばかりをして昼夜逆転の生活をする人もいます。一日中ずっと寝続けている人もいます。ひきこもりの初めのころはエネルギーが低下し、思考力や集中力もはるかに低下しています。そのため、ゲームばかりをしているのではなく、**ゲームくらいしかやれる力が残っていない**のです。ゲームばかりをしているから、学校に行かない、仕事に行かないと思ってゲームを取り上げても、全然解決はしません。

　では、エネルギーを回復するには、どのようなことをすればよいのでしょう。多くの人は、ひきこもりに至るまでは、学校や職場などの外の世界では、無理矢理周囲のペースに合わせた生活をして疲弊しています。しかし、傍目には本人がとても周囲に気を遣っているのがわかりにくく、それほど疲れているようには見えません。ひきこもりになる直前の本人は、みんなと同じように集団の中で過ごしていても、実は、とても多くのエネルギーを使っています。外では思いっきり周囲に合わせて気を遣ってエネルギーを消費し、自宅では自分のペースでのんびりと過ごしてエネルギーを蓄積して何とかバランスを保っていたのです（図6）。しかし、外でのエネルギーの消費が増えてくると、そのバランスが崩れ、ひきこもりの状態に至ってしまうのです。

　そのため、ひきこもりの状態になったとき、エネルギーを回復させるためには、できるだけ自分のペースでのんびり過ごさせてあげることが重要です。この時期は、家族は日常の声かけ程度にとどめます。本人に返事は求めません。本人は聞いています。聞こえていますが、面倒くさいから返事をしない、したくない、できないから返事をしないだけです。

　ひきこもりの回復の過程には、「安心・安全な環境」と「理解してくれる人の存在」が重要です。また、回復には、一定の期間も必要です。焦らずに、「待つ」「見守る」ことが重要です。

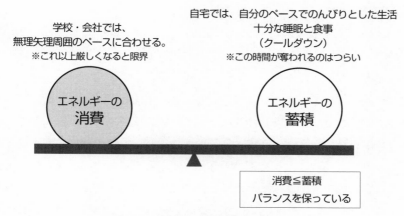

図6　エネルギーの消費と蓄積のバランス

　「安心・安全な環境」とは、安心してひきこもることのできる場です。安全な環境とは、周囲から見ていて安全というだけではなく、本人自身が安全と感じられる環境です。自宅でひきこもりの生活をしていても、いつ何どき、お父さんが部屋に入ってきて叱責してくるかわからない、学校の先生がいきなり部屋に入ってきて自分を外に連れ出そうとするかもわからない、そういった環境では、本人は安心を感じることもなく、安全でもありませんから、エネルギーは回復できません。

　「理解してくれる人」というのは、「自分がつらくてひきこもっている。今は、自分でもだめだとわかっているが、回復するためにひきこもるしかない」ということをわかってくれる人です。理解してくれる人は誰かというと、一番考えられるのは、身近な両親です。そのためにも家族支援が必要となってきます。家族をねぎらい、家族が本人の状態の理解を得ることによって、家族も安定してきます。本人も、家族が安定し、家族が理解してくれる人だとわかると、よりエネルギーの回復につながっていきます。本人が来なくても、きちんと家族面接をしていくことで、結果的には本人の回復へとつながっていきます。本人が来ないとわからないというのではなく、せっかく家族が来てくれているのですから、まずは、家族との面接を丁寧にやっていきましょう。

　家族が相談に来ていることを、本人に伝えている家族もいれば、内緒で来ているという家族もいます。中には、内緒で来ているつもりだったが、カレンダーに相談日を書いていたので、実は本人は知っていたということもありました。伝えるのか、伝えないのかは、その家族に任せています。

　本人に相談に行っていると伝えている場合は、支援者は、家族を通して本人を見ることができることと同じように、本人も、家族を通して支援者を見ています。家族が相談に行くことによって、本人の安心・安全の環境が守られ、家族の本人に対する関わり方が変化してくると、本人自身も相談機関に対して間接的であれ安心感を抱くようになります。時間の経過の中で少しずつ安定してくると、家族から、「本人から、○○について聞いてきてほしいと言われました」という相談を受けたり、数か月後の面接に本人も登場したりすることも珍しくありません。また、本人が安定し、本人自身が就労を考える段階に入ってくると、引き続き、家族を相談支援しながら、本人には地域若者サポートステーションやヤングハローワークを紹介し、連携をとることもあります。逆に、家族が相談に行けば行くほど、本人に対する家族の対応が硬化すると、本人は相談機関に強い警戒心を抱き、一層ひきこもり傾向を高めていくことになりかねません。

　しかし、家族の思いは複雑です。家族は、本人に対し、「今はゆっくりと休ませてあげたい」という気持ち（本人を守りたい心）を抱く一方で、「このまま本人の好きにさせていて大丈夫だろうか、もっと厳しくすべきでは」という気持ち（将来への不安）の葛藤の中にいます（図7）。ここで厳しくしても逆効果にしかならないことを多くの支援者は経験していますが、ときに家族は、親戚や周囲の人から「甘やかせていてはいけない」という圧力を受け、「自宅の居心地が良すぎると、ひきこもりが長引く」「家でのんびりさせると、ますます外に出ていかなくなる」という脅迫まがいの誤った助言を受け、混乱してしまうことがあります。家族の混乱は、本人の不安・混乱を招きます。

　支援者は、仮に本人とは会えなくても、不安や混乱を抱いている家族が少しでも安心感を抱けるように、家族への支援を続けることが必要です。また、こ

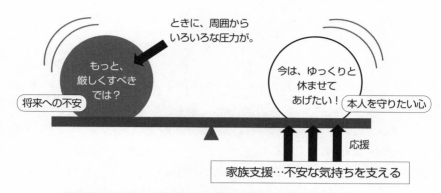

ときに、周囲から
いろいろな圧力が。

もっと、
厳しくすべき
では？

将来への不安

今は、ゆっくりと
休ませて
あげたい！

本人を守りたい心

応援

家族支援…不安な気持ちを支える

家族（ときには、支援者も）は常に葛藤・不安を抱いている。

図7　家族の葛藤・不安

の家族が抱いている葛藤や不安は、ときとして、支援者の心の中でも起きてきます。「自分の関わり方が間違っているのではないか」「他の人が支援していれば、もっと良い方向に進んでいたのでは」「このまま本当に待っているだけでよいのだろうか」と不安を感じます（もちろん、現実には、何もせずに待っているのではなく、家族面接を行っているのですが）。この場合は、支援者自身が孤立をしないように、支援者の上司や支援者同士が、互いに学び合い、アドバイスを受けながら支援を行うことができる体制作りが重要です。

　なお、叱責や説教、説得は、何の効果もないばかりか、ますます、ひきこもり状態を悪化させます。私たちの経験の中で、これまで5年、10年、20年ひきこもっていた人で、今、社会に出ている人（福祉サービスの利用も含め）はたくさんおられますが、一人として、叱責や説得をしてひきこもり状態を改善したという人はいません。逆に、叱責などによって一時的に社会に引き出したとしても、根底にある対人不安・恐怖、対人不信が改善されるわけではありません。それどころか、対人不安・恐怖がより増強されていくことにより、再びひきこもり状態に戻っていくことになります。

　性急な本人への刺激は、再びエネルギーの低下が生じ、混乱を招き、ときに攻撃性が増してくることがあり、それが家庭内暴力というかたちで出現するこ

31

ともあります。

2) 訪問について

　時どき、「訪問をお願いします」という相談を受けることがあります。この場合、相談を受けた機関が、訪問を行っているかどうかということもありますが、家族が、どのようなことを望んで訪問を頼まれているかを考えてみる必要があります。家族の中には、「保健師さんのような専門家が訪問して話をされると、本人が心を開いて、外に出るかもしれない」と期待をしている人も少なくありません。しかし、多くの場合、訪問をしてもすぐには大きな変化が見られないのが現状です。訪問はしたものの本人とは会えず、結局は家族とだけ話して、その後も家族と会うだけの訪問が続いているということもあります。また、本人と会うことはできたけれども、日常会話以上の話は進まず、その内容も本人の趣味や最近の出来事の話に終始し、支援者としては、「今の訪問に何か効果があるのか」「このまま漠然と訪問を続けてもよいのだろうか」と疑問を抱くこともあります。

　こんなときは、訪問の目的、あり方を再検討してみます。たしかに、訪問には、多くのメリットがあります。

- ・何よりも、本人と会える、話せる。
- ・家庭の様子が、より把握できる。
- ・膠着した状況に、変化が起きる。
- ・さまざまな情報を、直接本人に提供できる。

　訪問をきっかけに、ひきこもりの状態が改善に向かう事例もあります。一方で、対人恐怖、易刺激、強迫症状などの強い事例では、早急な訪問が、より不安や緊張感を高め、必ずしも効果的でないこともあります。訪問を行う際には、原則的に本人の了解のもと、訪問の目的を整理しておくことが重要です。そして、本人には、「会いたくない」をきちんと保障しましょう。

　ときには、家族関係が不安定になっていることもあります。この場合、家族のほうが、支援者がいる安心感（自分に味方がいるという感じ）から、普段は本

人に対して我慢して控えている内容のこと（言いたいこと）を本人に話すことがあります。家族は、支援者が自分の考えを応援してもらえると思っていることもあります。そのとき、思わず、「お母さんも、あなたのことをとても心配しているから」という話をしてしまうと、本人は、それが自分の意にそぐわない内容の場合には反発し、支援者との関係が保てないばかりか、ますます家族関係をも悪化させてしまいかねません。本人と信頼関係が持てるように、本人の大変さを理解したいという姿勢で話を聞かせてもらいましょう。もっとも、逆に、本人の気持ちに寄り添いすぎて、家族を責めるというようなことをしてもいけません。そのために、家族に対しては、事前に最初の訪問の目的を伝えるようにします。

　家族の中には、支援者が訪問したら、積極的に本人に外に出ることを働きかけてくれるものと期待をしている場合もあります。しかし、最初の訪問の大きな目的は、本人との顔合わせで、本人に安心感を持ってもらい、今後とも本人との相談が継続できる関係作りを行うことにあります。そのことを事前に家族に話をしておかないと、「せっかく訪問してもらっても、何もしてもらえなかった」「もっと積極的に働きかけてほしかった」と不満を述べられることもあります。

　また、発達障害を有する人の中には、自分の家の中に人が入ることをとても不安に思う人、嫌う人がいます。仮に訪問ができたとしても、いざとなったら会えない人もいます。そんなときは無理をせず、まずは家族との関係をつないでいくことが重要になってきます。

　なお、訪問をしてくださいという内容が最初の家族の希望であったとしても、必ずしも訪問をするというわけではなく、家族は、今のひきこもりの状態にどのように関わっていけばよいのかを悩んでいるのですから、その時点では早急な訪問は控えて、当面は家族相談を行うという方向で支援が進んでいくということもよくあることです。

3)　家庭内暴力

　回復の経過の中で、一時的に家庭内暴力や激しい暴言が起きることがあります。また、中には、長期に継続して暴言が認められることもあります。そして、その暴力や暴言を回避するために、家族全体が緊張した状態で日常の生活を続けている場合があり、家族が疲弊状態になっていることもあります。

　家庭内暴力があると、「警察を呼びましょう」と助言される人もいますが、家族はなかなか簡単には動けません。実際に警察を呼んで、それが抑止力となった場合や、そのときの警察官がとても良い人でじっくりと話を聞いてくれたということもあります。一方で、その場は収まっても、その後、なぜ警察を呼んだのかと逆に親子関係がこじれたり、実際に警察に来てもらったものの、そのときは落ち着いており、さほど効果はなかったということもあります。いずれの場合も、警察を呼ぶことに対して家族がどのように考えているのかを把握し、その気持ちを大切にしていくことが重要です。

　家庭内暴力でも、暴力を振るうには本人なりの理由があります。その理由を考えながらも、暴力が激しくなれば一時的に避難する、距離を置くことも重要です。

　本人なりの理由はさまざまです。

〈家庭内暴力の誘因〉

①背景に、精神疾患の発症に基づく幻覚・妄想がある。

②将来への不安、二次障害。

③本人にとって不快なことがある（発達障害などの存在も考慮）。

④親に対する反発、自己防衛。

⑤買い物依存、ゲーム依存などがある。

※これらの誘因が複数認められることもあれば、それ以外にも何らかの理由があることもあります。

---

①背景に、精神疾患の発症に基づく幻覚・妄想がある。

　統合失調症などの精神疾患を有する場合は、その症状である幻覚や妄想、易怒性の影響によって暴力を振るう（たとえば、家族が暴力団と結託して自分を陥れようとしているという妄想がある）ことがあります。この場合は、病気が原因で暴力が出現しているので、医療機関を受診して、抗精神病薬による精神科治療が必要となります。治療によって、幻覚や妄想、易怒性が軽減してくると、暴力や暴言は見られなくなってきます。しかし、本人には病識（自分が病気であるという意識）がないことが多く、すぐには病院受診に至らない場合もあり、その場合には、医療機関のケースワーカーや保健所、市区町村などの行政機関・相談機関に相談をしていくことになります。

【事例3】

　40代前半、男性。ひきこもりの状態が続き、統合失調症を発症し、家族に対する暴言が出現した事例。

● **主訴**　ひきこもり、家族に対する暴言。

● **家族構成**　本人、弟夫婦。本人は、同じ敷地内の別棟で生活。

● **生活歴**　高校卒業後県外で就職した。しかし、6年前に20年間勤めていた会社を退職して実家に帰ってきた。弟夫婦の家の別棟に住み、当初は求職活動をしていたが、次第に外出もしなくなり自室にひきこもるようになった。食事は弟夫婦が運び、時どき入浴もしていたが、1年ほど前から夜中に大声をあげ、弟夫婦に対しても被害的な言動が見られるようになった。弟が町の保健師に相談、町より保健所への相談となった。

● **相談後の経過**　（精神科医が）保健師と同伴訪問を行う。訪問面接に拒否はないが、防衛的であり、「以前の職場の上司が、弟夫婦と連絡をとって自分を見張っている。自分が就職できないのは、その上司が邪魔をしているからだ」「弟夫婦が連絡をとり合っていることは、テレビのニュースで放送していた」などと、以前の上司、弟夫婦に対する被害関係妄想を認める。ひきこもり始めたころからすでに発症していたのかは不明であるが、現在の症状は統合失調症

の発症と考えられる。後日、本人は町の保健師と弟夫婦に連れられ精神科医療機関を受診し、統合失調症の診断にて薬物療法を中心とした外来通院となった。投薬治療により、徐々に症状は安定を認め、その後、医療機関のデイケアなどを利用している。

②将来への不安、二次障害。

　進学や就職に失敗した後など、将来への不安、うまくできなかった自分への劣等感、過去の人間関係に対する「恨み」などが重なり、家庭内暴力に至ることがあります。このパターンは、ひきこもり当初の時期に多く認められます。時間の経過とともに本人の状態が安定してくると、徐々に暴言や暴力は軽減してきます。

【事例4】

　10代男性。受験に失敗して、こうなったのは親や学校が悪いと家庭内暴力を繰り返している事例。

● **主訴**　家族に対する暴言、暴力に困っている。

● **家族構成**　本人、両親、姉。

● **生活歴**　幼児期に目立った不適応は見られなかった。小学校では高学年のころから、どのように同級生と付き合えばよいのかわからず、いつも家に帰ると疲れ果てていた。中学2年後半、仲間外れにされたことがきっかけで不登校になり、母親に対して暴力、暴言が出るようになった。何とか3年の途中から再登校し、高校へ入学した。

　高校では友人はできなかったが、学力は高く、某有名大学を目指せるほど成績が向上した。しかし、3年生の夏休み明け頃から伸び悩み、志望大学のランクを下げるように担任から指導されたが、他の大学には興味はなく、志望どおりの大学を受験し不合格となった。このとき、担任から厳しい叱責を受け、担任とはもう話をしたくないと家族に訴えたが、再度、いきなり自宅を訪問してきた担任から叱責を受けた。浪人中は予備校にも行かず自宅にひきこもっていたが、大学入試センター試験が近づくと不安定になり、家族に向かって、「担

任を殺してやりたい」と怒りをぶつけ、ときに家庭内暴力を認めるようになった。成績は伸びないが、志望校の変更には応じず、「不合格になったら、人生は終わり」と訴える。親として、本人への対応の仕方がわからないと相談に至る。

● **相談後の経過** 大学受験が迫り、精神状態が不安定となってきた。ときに、包丁を持ち出して興奮し、両親に過去の嫌な出来事を話すなど、気分の浮き沈みが激しく、止めに入った姉への暴言も見られるようになった。

　その後、本人も面接に来所、「自分は小さいころから劣等感をずっと持っていた。だから自信になるものが欲しかったので学歴が欲しかった。有名大学に入学して同級生を見返したかったが、それもできなくなった。担任の先生に叱責されたときに、人格まで否定した言われ方をされてショックだった」と話す。

　その後、本人の希望により、精神科クリニックに通院。結局センター試験は受験できなかったが、徐々に生活は安定してきた。時どき、過去のことを思い出し、「そもそもこんな自分にした親が悪い、学校が悪い」と暴言、暴力が出現することもあった。それでも、徐々に精神状態は安定し、翌年は、本人自ら志望大学を変更し合格、通学を継続している。

③本人にとって不快なことがある（発達障害などの存在も考慮）。

　長期のひきこもり者の中には、強いこだわりや聴覚過敏などの症状を認めることがあります。たとえば、不潔恐怖などがあり、「ある部分はきれいにしないといけない」「勝手に触れてはいけない」というこだわりがあると、家族はそれに合わせて生活をします。また、聴覚過敏が強いときには、家族が日常の中でたてる音や話し声に敏感に反応するので、家族のほうは、あまり音をたてないように気を配ります。

　多くの場合は、家族面接を通じて、家族が本人の症状や気持ちを理解し、本人に合わせた対応をすることによって暴力は軽減し、徐々にイライラや不安も治まってきます。しかし、本人の訴えが家族としての許容範囲を超えている場合、背景にある症状が過度に強い場合には、十分に対応することが難しく、家

庭内暴力や暴言が長期に及ぶことがあります。一方で、8050問題に見られるように、家族が身体疾患や認知症になり、それまでに行っていた本人への配慮ができなくなった結果として、暴力が出てくることがあります。

【事例5】

　20代後半、男性。隣家の生活音に対して強い不快感を訴えトラブルに発展している事例。

● **主訴**　ひきこもり、隣家とのトラブル（隣家の前に行き、暴言を吐く、塀を蹴るなど）。

● **家族構成**　本人、両親。

● **生活歴**　中学2年から不登校、担任には強い不信感を抱いていた。高校に入学するも2か月で退学し、ひきこもりの状態が続いている。

　最初の数年は部屋にこもっていることが多く、昼夜逆転の生活を送り食事も夜中に一人で食べていた。不潔恐怖が強く、家族が外から帰ると家族の歩いたあとを執拗に拭き掃除する。家族がトイレを使うことも禁止していたが、最近は一定のルールを定めて許可が出た。自分の部屋は、お気に入りのキャラクターグッズや関連本であふれるようになった。

　1年ほど前から、隣家の生活音（階段を昇り降りする音、戸の開け閉め、車の乗り降りなど）が不快だと訴え、隣家の前で怒鳴り散らす、塀を蹴るなどが頻回に見られるようになった。隣家からの苦情もあり警察にも相談したが、警察としても対応に困り、家族が鳥取センターに来所となった。

● **相談後の経過**　不潔恐怖、聴覚過敏などを認め、これまでの経過から発達障害の一つである自閉スペクトラム症の可能性も考えられ、家族相談では、主に、本人の特性やそれに対する関わり方について話をする。隣家は小学生の子どもが2人おり、その子がはしゃぐ声、階段を昇り降りする音、家族が出かけるときの車のドアの開け閉めなど、隣家から出されるすべての声や音にイライラすると家族に訴える。家族は、隣家との間に塀を立てたり、本人の部屋を防音ガラスにしたりしたが、訴えは収まらなかった。

　本人の不眠・イライラも徐々に激しさを増し、家族が本人の不眠に対して精神科医療機関の受診を勧めたところ、最初は拒否していたが、3か月後に受診を了解した。本人には、不眠・イライラの症状を治療対象とし、睡眠導入剤と少量の抗精神病薬が処方された。並行して、自分の部屋を隣家と反対側にある部屋に移動した（頑なに部屋を動くことを拒否していたが、家族がWi-Fiが入りやすいということで説得し、部屋の移動となった）。投薬後、ひきこもりの状態そのものに大きな変化はないが、隣家の物音にイライラを示すことはあるものの、以前のように興奮することはなくなった。引き続き精神科医療機関への通院、投薬治療を続けるとともに、鳥取センターでは家族相談を行っている。

④親に対する反発、自己防衛。

　ひきこもり状態にある人は、外に出ないのではなく、外に出られないのです。そのことが十分に理解されずに、家族から、外に出ることや仕事を急いで探すことを執拗に責められ続けると、それを拒否するために、当初は逃避行動（家族と顔を合わせないように部屋にこもる、家族と生活時間をずらして昼夜逆転の生活になるなど）を行います。しかし、それでも家族から厳しく責め続けられると、防衛反応として、家族に対して攻撃（暴力、暴言など）を向けることがあります。しかし、それを外に向けることができず自分に向く場合には、自殺企図や自傷行為に及ぶこともあります。

　特に、ひきこもりの初めのころ、家族にも不安や焦りが高まり、家族が本人にどのように関わってよいのかわからず混乱している場合に、このような反応が起きることが多く見られます。家族相談を通して、本人への理解、関わり方を考えていくとともに、本人のエネルギーも回復してくると、徐々に家庭内暴力は治まってきます。

【事例6】

　20代後半、男性。長期にひきこもり、家族の育て方が悪かったと家庭内暴力に至る事例。

● **主訴**　ひきこもり、家族に対する暴言、暴力。

● **家族構成**　本人、両親。

● **生活歴**　就学前に言葉の遅れがあり、発達障害の可能性を疑われたが、特に診断や治療は受けていない。専門学校を卒業後、何度か就職したが人間関係がうまくできず、いずれも数日から数か月で解雇されている。本人は、家族に「ひどいイジメやパワーハラスメントにあった」と話している。ここ2年間は、ひきこもりの状態が続いており、最近は、頭痛やイライラを認め、自ら精神科医療機関を受診し投薬治療を受けたが、症状が改善しないと言い、数回で中断している。1年ほど前より、仕事ができていないという将来への不安から、家族に対して、「親が悪い」「政治が悪い」「来週までに仕事を探してこい」と怒りをぶつけ、ときに暴力行為に及ぶことがある。また、小学校のとき、自分がイジメられていたのに親が助けなかったと攻撃的になるが、家族は、本人がイジメにあっていたことにはまったく気づいていなかった。家族が、本人の暴言、暴力に耐えかねて、鳥取センターに相談来所となった。

● **相談後の経過**　ひきこもりの状態が続いており、自分自身のイライラや将来への強い不安を家族に向けている。家族への定期面接を継続し、本人への理解、関わり方などを一緒に考えていく中で、徐々に本人の暴力行為は少なくなってくる。1年ほど経過して、本人のエネルギーが徐々に回復するに伴い、以前のような暴言はほとんどなくなり、短時間のアルバイトを見つけ、自ら自宅を出てアパートで一人暮らしとなる。時どき、アルバイト先の人間関係でイライラしたり、困ったりしたことがあると、両親に電話をかけ不平不満を訴えてくるが、両親は受容的にその話を聞くように努め、何とか一人暮らしを維持している。

⑤買い物依存、ゲーム依存などがある。

　以前は、多額の買い物をするために、家族にお金を強要して暴力を振るうという事例がよく見られました。また、ゲームばかりしていて、ゲームを無理矢理やめさせようとしたときにも暴言、暴力が見られます。このとき、なぜ、ゲームに没頭しているのかを考える必要があります。ストレスが溜まり、スト

レス解消的（クールダウン）な役割になっている場合もあれば、注意欠陥多動性障害などの衝動性の高さが背景に見られることもあります。最近では、ネットで買い物をしたり、オンラインゲームなどで課金が発生したりして、それに対して金銭を求めたり、料金の支払いを強要したりすることもあります。

【事例7】

高校1年、男子。ゲームに没頭し昼夜逆転の生活となり、やめさせようとすると家庭内暴力が見られた事例。

● **主訴**　ゲーム依存、家族への暴力。

● **生活歴**　小さいころからこだわりがあり、関心のあるものには集中するタイプだった。音に過敏で刺激に反応しやすいところがあり、中学3年のときにイライラして自宅を飛び出すことがあった。高校入学時にスマホを買い与えてから、一日中ゲームをするようになった。最初はゲームの時間を午後10時までと約束していたが、すぐに守れなくなり、学校にも通わなくなった。ゲームの時間が守れず母と口論になることもあり、ゲームを取り上げようとすると暴力が出て、包丁を持ち出したこともある。夏休みに入り、日中は、ネットで動画を見て過ごし、夜中はオンラインゲームをして大きな声を出すこともある。食事は、お腹がすいたときに食べ、風呂は入ったり入らなかったり。家族としては、手に負えないのでゲームのできない施設に入れてほしいと訴え、相談来所する。

● **相談後の経過**　家族には、施設の入所は難しいが、一緒に相談をしていきましょうと継続面接とする。もともと集団や学校生活に緊張があり、高校入学により学校内にほとんど友だちがいなくなったストレスと、スマホを手に入れた時期が重なり、ゲームに没頭するようになったと考えられる。聴覚過敏も強く、生活全般が乱れてしまっているが、コンビニへの買い物など必要なときには外出ができている。面接の中で、本人は母に対して優しく接しているところもたくさんあることもわかった。家族には、ゲームを取り上げることは考えず、ゲーム以外の本人のできている点を評価してもらっていくこととした。最終的

には、高校を退学し、知人の紹介でアルバイトを始めた。ストレスの強い高校生活から解放され、アルバイトにより生活にもメリハリができたことにより、ゲームの時間も少なくなり、家族への暴言、暴力も見られなくなった。

4)　部屋で大声を出す、独り言を言っている

　家族面接では、時どき（特に、ひきこもりの最初のころ）「本人が夜中に部屋で大きな声で叫んでいる、壁をドンドンと叩いていることがあります」「独り言をつぶやいているのが聞こえます」などといった相談を受けることがあります。家族としては、近所の手前静かにしてほしい、注意したほうがよいか、放っておいたほうがよいか、精神疾患ではないかなどと悩まれます。これらの言動の背景には、いろいろなことが考えられます。

①精神疾患の可能性がある場合

　統合失調症などの精神疾患を有する場合、幻覚や妄想を認め、幻聴と会話をしていたり、妄想上の相手に怒鳴ったりすることがあります。この場合、医療機関を受診して、抗精神病薬を中心とした精神科治療により、幻覚や妄想が軽減してくると、このような言動は少なくなってきます。ただ、発達障害を有する人の中にも、独り言が見られることがあり、鑑別が難しいこともあります。統合失調症では、これに加えて空笑（独り笑い）などが見られることもありますが、診断は、いろいろな症状を総合して判断することになります。

②単に、不安やイライラによる言動、クールダウン的な要素も

　ひきこもり者の中には、今の自分の状態を認めたくない、強い将来への不安があるなどから、夜中に大きな声で叫んだりすることもあります。本人なりに、やり場のない気持ちをぶつけているところがあります。また、クールダウン的な要素を持っているところもあります。久しぶりに親戚に会って疲れたとか、厳しく叱責されたとかなどのストレスがあり、その発散としてこれらの言動が起きていることもあり、これらの場合、本人のほうから特に訴えがなければ、

家族には様子を見守る程度にしてもらっています。

③発達障害者の独り言

　発達障害者の中には、テレビを見ていたり、考えごとをしていたりすると、空想（ファンタジー）の世界に入り込み、独り言をつぶやいていることがあります。テレビの番組の中にあたかも自分がいるように入り込んだりする人もいます。これは、本人にとっては楽しい時間でもあることがあり、特に介入する必要はありません。

④ゲームやチャット

　ゲームをしているとき、あるいはゲームの中でのチャットなどをしながら、「ちくしょう！」「何している！」などと声を出している人もいます。内容的には、過激な言葉が含まれることもあり、家族としては気になると言われることもあります。この場合は、ゲームやチャットのときだけに限られるので、あまり介入をしないようにしてもらっています。

　他にも、いろいろな理由があったりすることもありますが、部屋で大声を出すことによって、クールダウンをしていることが多く（本来なら、他にクールダウンの手段があればよいのですが）、家族としてはいろいろと心配されることもありますが、基本的には、統合失調症などの精神疾患の可能性がある場合を除いて、積極的にこれらの言動に対応する必要はなく、一歩引いて様子を見てもらうようにしています。

5)　支援者のとまどい——回復のストーリーを体験すること

　エネルギーの回復には、まずは、自分のペースでのんびり過ごすことが重要となります。しかし、支援者の中には、のんびりと過ごさせてあげたいとは思いつつ、のんびりと過ごさせることへの不安を感じる人もいます。特に、ひきこもりの支援を始めたばかりの支援者が、そのような不安を感じてしまうのは無理のないことです。

　統合失調症で治療を受けている人の家族が相談に来られたとき、医療機関や相談機関の支援者は、病気のことや今後のことの説明をします。なぜ説明ができるかというと、支援者は、統合失調症の回復過程を経験的に学んでいるからです。統合失調症の人たちが病院を受診して薬物療法などを受け、症状が安定したら、障害者相談支援事業所などを通して、福祉サービスを受け、社会参加をしていくという経過を何人も経験しています。そこから支援者なりの「回復のストーリー」を学んでいます。今の状態は、回復過程のどのような時期にあるのか、今は積極的に治療に専念する時期なのか、症状が安定して社会参加に向けて福祉サービスを提供する時期なのか、知識と経験があるので適切な助言ができるのです。

　インフルエンザも同様です。インフルエンザになると、最初は40度近い高熱が出ることがあります。しかし、3、4日経てば熱が下がり、身体の痛みやだるさも数日で回復してくるという「回復のストーリー」がわかっています。そのため、インフルエンザになって高熱が出たとしても、「今は苦しい時期ですが、2、3日経てば少しずつ治まってきますから心配しなくても大丈夫ですよ」という助言ができるわけです。

　けれども、まだまだ、ひきこもりの人や発達障害の人の回復の流れは、あまり体験することがありません。統合失調症やインフルエンザのように継続して医療機関を受診することが少ないので、より経験をすることが少ないこともあります。また、回復の流れは、調子の安定、不安定を繰り返しながら年単位に及ぶことも少なくありません。家族や周囲が一歩引いて、安心・安全の環境の中で本人のペースで生活を送っていくと、徐々に生活も安定し、家族と話をしたり、出かけたりするようになり、家の中の様子も変わってきます。そのような**それぞれの支援者なりの「回復のストーリー」**を経験的に学んでいくと、支援者自身も少しは安心して家族に助言ができるかと思います。

6)　言語化すること

　「仕事や学校の話をすると、逃げていくのです。どうしたらよいのでしょう

か」と相談されることがありますが、これはむしろ正常な反応です。この場合、本人を問い詰めても、ますますひきこもってしまうだけです。ようやく家族と一緒に食事をとるようになったのに、「仕事のことはどう考えているのか」と尋ねたら、またムスッとして部屋にこもってしまった、というのはよくあることです。このとき、家族には、「それは本人も仕事をしなければいけない、学校に行かなければいけないと、心の中では思っているからです。けれども、思ってはいても、今の状態では学校や仕事に行くことができない。今の自分の状態が自分でも良くないと思っているから逃げていくのです。逃げていくのは正常な反応です」と説明をします。

　とはいえ、逃げてばかりだと、ますますコミュニケーションがとれなくなっていきます。そのため、本人が逃げたくなるような会話、つまり学校や仕事、遠い将来の話はしばらくは避けるようにしてもらいます。時どき、家族から、「学校や仕事の話をしなくても大丈夫でしょうか」と尋ねられることもありますが、その場合には、「学校や仕事の話をしなくても、ほとんどの場合、本人は、本当は学校や仕事に行ったほうがよいのだろうなと思っています。だから、その話題をされればされるほど、本人は家族と会うことを避けるようになっていきます。家族としてはいろいろと心配でしょうけれども、今は、あえてその話は避けましょう。仕事や学校の話題以外の、本人が話をしやすそうな日常会話から、まず始めていきましょう。もちろん、本人があまり話をしたくないようであれば、声かけだけにとどめておいてください」と、話をさせていただいています。

　長期にひきこもっている人には、自分の気持ちを言語化して表現することが苦手になっている人もいます。中には、ひきこもりになる以前から、コミュニケーションが苦手だったという人も少なくありません。一見、よくおしゃべりをするように見える人でも、自分の関心のあることや自分のペースで話をするときは、うまく会話ができているように見えているだけで、いざ言葉のキャッチボールになったり、臨機応変な会話を求められたりすると、十分に言語化す

ることができない人もいます。

　ひきこもりの生活を続けていると、ますます自分の気持ちを言語化して表現する機会が少なくなってきます。家族と会話をする時間が短かったり（本人が嫌がる話題をすると、ますます会話の時間が少なくなっていきます）、会話をしても同じような内容であったり、言語の一部を省略しても、家族はこれまでの経過から状況を察して行動に移してくれます。

　しかし、第三者（支援者）と会話をするとなると、主語述語を明確に表現して相手に伝えることが求められます。面接に来られた人の中には、初対面のときは質問をしても、「はい」「いいえ」「まぁ」など、あいまいな返事しかできない人も少なくありません。しかし、2年、3年と面接を重ねていくうちに、特に専門的な心理療法や訓練などをしなくても、ずいぶんと自分の気持ちや最近の出来事を言語化して話されるようになってきます。何か特別なことをしなくても、家族以外の人と日常会話をする場面が少し増えるだけで変化は出てきます。家族にも、本人が話をしたがらない、答えにくいような話題は避けて、まずは気楽に話ができる、自分の気持ちをきちんと言語化できるような話題で、日常の会話をされることをお勧めしています。

　エネルギーが回復してくると、ひきこもりの状態にも変化が現れてきますが、多くの場合、エネルギーが7、8割回復して初めて改善の動きが見られます。けっして、半分回復したからといって、半分学校に行ける、半分仕事に行けるというわけではありません。

　これは先に示したインフルエンザと一緒です。インフルエンザになると、最初に40度近い熱が出ます。次の日は38度、次の日は37.5度、次の日は微熱だけれども体が痛い、次の日は体がだるい、何となく元気になった、10日も経てばもとのように元気になっていきます。この半分回復した時期は、たとえば37.5度でまだ体がだるいときです。では、37.5度になったからといって、仕事に午前中だけでも出られるのかというと、そんなことはありません。やはり体のだるさや痛みがとれてから仕事に出たほうが、安定感があります。

　けれども、不登校の場面などでは、少しでも回復してくると、「午前中だけでも学校に出てこないか」「来週からは学校で過ごす時間を1時間増やしましょう」という支援者からのアプローチをよく見かけます。しかし、このやり方はあまりうまくいきません。不登校から、再度、登校した子どもをたくさん経験してきていますが、多くの場合は、ある時期を超えて7、8割回復してから、一気に再登校へと向かっていきます。じっくりと十分な回復を待つこと、そして不登校であれば、エネルギーが回復する期間も、学校と本人・家族が良好な信頼関係を維持していくことが重要です。

（4）ひきこもりの回復過程②：安定期
1)　安定期の症状と支援

　エネルギーが回復してくると、徐々にイライラや怒りっぽさも少なくなり、家の中では以前に近い状態になり、少しずつ家族と生活リズムも合わせ、普通に話をするようになってきます。しかし、まだまだ家族以外の人とは短時間なら話をすることはできますが、その後、強いイライラや疲労を残し、他人とはできる限り会うことを避けるという状態が続きます。これが、「安定期」です。本人にとって人と出会うことは、まだまだ周囲が思っている以上にエネルギーのいることなのです。

　「安定期」に入ると、家族に勧められて本人も相談に来られることもあり、支援として、家族相談を並行しながら、本人面接も始まっていきます。また、このころになると、家族には、家の中の用事を気楽に頼んでみるように話します。
　頼む用事は、
　・自分のペースでゆっくりとできること
　・人と会わなくてもよいもの
です。
　自宅でできることといえば、洗濯物をたたむことや風呂掃除などです。ただ、手伝いを頼む理由が、「家の中にいるのだから、これぐらいはやりなさい」というのではなく、「家族が疲れているので、これをしてくれたら家族が助かる」

というふうに、**周囲からやらされているのではなく、自分がやっている**と感じられることが重要です。多くのひきこもり者は、自分は社会や家族の役に立っていないという気持ちがあるため、**何らかのかたちで家族の役に立っている、日常の生活の中で家族とつながっているという実感**があったほうが、家族との会話もしやすくなります。もちろん、やってくれないときもあります。

　家族からの、「洗濯物をたたんでおいて」という声かけは本人には聞こえていますから、一度伝えたら何度も言わない、返事は求めないようにします。本人は、自分でも 100 パーセントできるかどうか不安もあります。そして、頼んだことをやってくれたら、家族は感謝の気持ちをきちんと言葉で表しましょう。そのことで、少しでも自分は家族とつながっている、家族の役に立っているという感情が持てることは重要です。

　このように家のことを手伝ってくれるようになると、少しずつ一緒に外出することを勧めてみることもあります。外出するときは、本人を連れ出そうと思ってはいけません。家族が出かけるときに一緒に付き合ってもらうという感じです。「（家族が）スーパーへ買い物に行くけれども、一緒についてくるか？」と聞きます。「行かない」と言えば、それ以上は聞きません。本人も、行きたかったら行く、行きたくないなら行かない、車から降りたくないなら駐車場で車の中で待っていればよいというふうに、自分のペースを守ってもらえるという安心感が持てるようになると、一緒についてくるようになります。もちろん、本人にとってさほど用事がないと、ついてはきません。こうして外出を繰り返し外の雰囲気がわかってくると、あるときから一人で外に出かけたりする人もいます。

　ちなみに、**本人にとって、家の中に、「自分しかいない時間帯」があるということは重要です。**本人は、ひきこもっている自分の状態を必ずしも「良し」とは思っていません。何かをしようと思っても、家族の目が気になります。そんなとき、午後の数時間でも家の中に誰もいないとわかれば、そのときに自分なりに食事を作ったり、頼まれた家事をしたり、ときには一人で外出をしたりすることもあります。

2)　日常の出来事への対応

①運転免許の取得と更新

　よく家族から、「将来の就職や生活のために、運転免許証を取らせたい」と相談を受けることがあります。この場合、本人が行きたいと思うのであればかまいませんが、本人が乗り気でもないのに自動車学校の入学手続きをしたところで、実際に行けるかどうかわかりません。現実に行き始めたものの、講義のときの人の多さに戸惑ったとか、教官からひどく叱られたとかで行かなくなったという人もいます。事前に、学生の多い時期（夏休みや卒業のシーズン）を避けたり、家族が知り合いの教官がいて状況を説明しておかれたりしたということもあります。

　一方で、運転免許証の更新にも悩まれることがあります。更新の手続きの時期なのに、本人が行こうとしないが、どうしたらよいかという相談もよく受けます。多くの場合、本人は行かないといけないとは思っていても、不安・緊張が高くて行けません。家族の対応の基本は、締め切りの日付だけを時どき伝えて、あとは本人に任せます。経験的に、大半の場合、締め切りギリギリに、免許証に映る写真を意識して髪の毛を切ったりして（それまでひきこもっていて、髪が伸び放題だったので）、更新に行かれます。中には、いきなり弟のコンタクトレンズを勝手にはめて行った人もいました。ただ、もう車に乗るという気持ちがまったくない（車を運転することに強い不安を抱いている）場合、以前であればパスポート以外に自分を証明するものは運転免許証だけでしたが、現在は、マイナンバーカードで証明ができるので、あえて更新をやめる人もいます。

②きょうだいや親戚などの結婚式

　きょうだいや親戚、友だちの結婚式がある場合、本人の出席をどうしたらいいかと相談を受けることがあります。きょうだいの場合、もともとの関係もありますが、結婚式に出ると親戚に出会ったり、披露宴でも他の参加者とも話をしたりしないといけないなど、本人にとっての不安材料がたくさんあります。多くの場合、結婚の事実や結婚式の日付などを本人に告げて（中にはきょうだ

い仲が悪く、結婚したという事実を秘密にしている家庭もあります）、出席するか
どうかを尋ね、あとは本人の判断に任せます。出ないと言われれば、それ以上
は勧めません。親戚には、体調が悪いとか所用があってなど、欠席の理由を伝
えられた家族もあります。出席はすると言ったので申し込みはしたけれども、
当日は行かなかった、結婚式だけ出た、披露宴に最初の30分は出たけれども
すぐに疲れて事前に準備していた控室にいた、タクシーで帰らせたなどさまざ
まです。本人に聞いて本人の望むようにしています。

③盆・年末年始のきょうだいの帰省や里帰り出産
　多くのひきこもり者は、自分の家に家族以外の第三者が入ることを嫌います。
たとえきょうだいであったとしても、一度家から離れて家で生活をしていない
時期が長くなると、第三者と同じように感じられることもあります。また、結
婚したきょうだいの帰省となると、きょうだいの配偶者と会うことへの緊張感
があり、里帰り出産の場合は、長期に及ぶこともあります。充電期のころは、
本人がきょうだいの帰省を嫌うため、きょうだいは帰省を取りやめたり、近く
のホテルに泊まったりしていましたが、安定期に入ると、きょうだいも数日間
の帰省ができるようになっていきます。その間だけ、本人がホテルに避難した
（宿泊した）という人もいます。いずれの場合も、**事前に、いつからいつまで、
きょうだいが帰省して家にいるのかを本人に伝えます**。本人が拒否すれば、基
本的には本人の言い分を取り入れるようにしますが、最終的には、本人・家族
の判断です。また、親戚などが来る場合は、本人には、いつでも自室にこもっ
ていてもよいことを伝え、親戚には、本人が自室にいるときは自室のほうには
行かないように頼み、そのように親戚に伝えたことも本人に話します。
　里帰り出産は期間が長いので本人にとっても苦痛ですが、さすがに家族とし
ては、本人が嫌がってもだめとは言えない状況もあります。この場合には、極
力、本人には負担のないように配慮をしていきます。きょうだい関係が良くな
い場合もあれば、子どもの泣き声が嫌ということもあります。けっして、嫌い
ではないけれども、里帰り出産の間は、家の中に自分が一人だけになれる時間

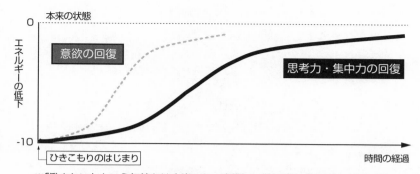

※「働きたい」という気持ちは本当でも、実際に、働けるかどうかは、わからない。
表面的に、意欲が出てきているようでも、まだまだ、思考力・集中力の回復には
時間がかかる。

図8 症状の回復時間

がなくなり、そのことに強いストレスや疲労を感じ、きょうだいが里帰り出産
を終えて帰ってから、しばらく不安定になる人もいます。逆に、予想外に、生
まれた子どもに関心を持ち、育児を手伝ってくれたという人もたくさんいます。

(5) ひきこもりの回復過程③：活動期

1) 活動期の症状と支援

　家の中で会話や役割ができ、少し外に出られるようになり、家族以外の人と
短時間話をしても、以前のような不安や疲労をあまり感じなくなってくると、
少しずつ活動を始めます。これが、「活動期」です。この場合、**さまざまな社
会資源の情報を本人に伝えますが、決定は本人に任せるというのが原則です**。意
欲は回復し、外に出てみたいという気持ちが出てきても、思考力、集中力の回
復は数倍遅れます（図8）。本人が仕事をしたいと言葉にしても、（気持ちにう
そはありませんが）できるかどうかは別問題です。あまりまわりが反応しすぎ
ないことが大切です。本人が仕事をしたいと言ったときに、急いでハローワー
クに行ってみようと一足飛びに勧めるのではなく、どのような相談機関や制度
があるのかという情報提供だけにとどめます。そして、「もし、あなたが行き
たいと言ってくれれば、一緒に行くこともできるよ」というふうに、協力でき

ること、決定権は本人にあること、周囲が勝手に動かないことを伝えます。そのときに反応はなくても、数か月後に本人のほうから相談をもちかけてくることもあります。

2)　ひきこもりの人が使える社会制度

　ひきこもりの相談は、市区町村、保健所、精神保健福祉センターをはじめ、各自治体の窓口などにおいて行われていますが、「ひきこもり相談」の窓口が明確でない自治体も少なくありません。また、自治体によっては、「ひきこもり者の当事者グループ」「ひきこもり者を持つ家族の会」「ひきこもり家族教室」などの集団活動を行っているところもあります。

　平成21年度（2009）から、ひきこもりに特化した相談窓口として「ひきこもり地域支援センター」が、都道府県、指定都市に設置されて、幅広く相談に対応しています。

　また、ひきこもり専門ではありませんが、それぞれの目的に応じての相談窓口があります。仕事や生活など、さまざまな困難の中で生活に困窮している人を支援するものとして、2005（平成27）年4月より、「生活困窮者自立支援制度」が始まっており、都道府県、市区町村などに相談窓口が開設されています。経済的な支援としては、生活保護制度の利用や障害年金の受給なども考えられますが、障害年金の申請には、いくつかの受給要件を満たしていることが必要となります。収入があったとしても、本人が自分で金銭管理ができるかどうかの課題もあります。本人が一人暮らしになったとき、きょうだいが金銭管理を行っている場合もありますが、社会福祉協議会などが行っている権利擁護事業（日常生活自立支援事業）や成年後見制度を利用しておられる人もいます。

　ひきこもり者が、障害者総合支援法における福祉サービス（就労支援においては就労移行支援事業、就労継続支援事業などを利用する訓練等給付、日常生活支援を受けるにはホームヘルプの利用などの介護給付があります）を利用する場合は、多くは精神障害者保健福祉手帳を取得し、精神障害者としての福祉制度を利用することになります。

　自治体によっては、独自の支援制度を持っているところもあります。また、それぞれ必要な支援は個人個人によって異なります。どのような支援があるかは、最寄りの自治体やひきこもり地域支援センターなどにお尋ねください。

　中には、家族の協力を得ながら就農支援の制度を使って農業を始め、まだまだ自立できるほどではありませんが、自分の育てた作物を出荷して収入を得ている人もいます。

　なお、鳥取県では、後述するような、県独自のひきこもり者職場体験事業を行っており（63頁）、この事業を利用することで、社会参加、就労につながってく事例も増えてきています。

【事例8】

　30代前半、女性。10年間ひきこもりが継続。発達障害の診断により、障害者就労支援を利用した事例。

● **家族構成**　本人、両親、祖母。

● **生活歴**　中学校のとき、イジメなどにより不登校の経験がある。高校卒業後、専門学校に進学するも、「学校になじめない」「課題が提出できない」と訴え、2か月で不登校となり、ひきこもりの状態となる。日中は両親が仕事をしているため、祖母と二人きりとなり家事手伝いをしている。ほとんど外出をすることなく10年が経過した。

　祖母の死去をきっかけに、母が町の保健師に相談、保健師が同伴しひきこもり地域支援センターに相談来所となる。

● **相談後の経過**　本人の了解を事前に得たうえで、同センターのスタッフが自宅を訪問、面接を行った。本人の受け入れは良く数回の訪問の後、同センターに通所し、県ひきこもり者職場体験事業の利用となった。しかし、作業能力のアンバランスさやコミュニケーション能力の低さが認められ、同センターより精神科医療機関を紹介され、発達障害の診断を受ける。

　本人と家族は、医師の勧めもあり、福祉による支援を希望し、精神障害者保健福祉手帳を取得した。その後は、障害者就労・生活支援センターの支援を得

て、障害者福祉サービス事業所（就労継続支援事業所Ｂ型）に定期的に通っている。

【事例9】

30代前半、男性。10年以上ひきこもり生活の後、一般就労支援を利用した事例。

● **家族構成**　本人、両親。

● **生活歴**　高校2年まで特に問題は認めていない。高校3年のとき、父が脳梗塞になり、父の介護と家事をする病弱な母を手伝うために就職をあきらめた。友人との交流は1、2年でなくなり、徐々に外出をしても人目が気になり、自宅にひきこもるようになった。ひきこもり始めて十数年が経過し、父が死去したことをきっかけに、母が鳥取センターに相談来所した。

● **相談後の経過**　母への継続面接を行うとともに、ひきこもり家族教室への参加を1年間継続した。その後、本人への自宅訪問が可能となり、訪問面接の中で、本人も就労意欲を持つようになった。しかし、一気に一般就労に向かうことへの不安が高いため、ひきこもり地域支援センターを紹介し、同センターで実施している県ひきこもり者職場体験事業に参加した。また、地域若者サポートステーションでの個別相談、就労支援講座を受講しながら、ヤングハローワークで就職情報を収集するようになった。本人はNPO団体の求人情報を見つけて自ら応募し2年の試用職員を経て、現在は正職員（一般就労）として就労している。

【事例10】

20代前半、男性。中学校時代からの長期不登校であったが、訪問面接から県ひきこもり者職場体験事業を利用し、バイトに至った事例。

● **家族構成**　本人、両親、兄、妹。

● **生育歴**　小学校高学年のころから不登校傾向、中学2年からはほとんど登校せず、自宅で、同じくひきこもっている兄らとゲームをしたり、勝手気ままに

過ごしていた。このころ、両親が鳥取センターに相談来所し、家族面接を行う
も、本人はひきこもってはいるが自分の好きなお菓子を買いに出たりはできる
など、むしろ怠学傾向にあり両親の面接も中断している。その後、本人は高校
にも進学せずひきこもりの状態が続くため、両親が再度、鳥取センターに相談
来所となる。

● **相談後の経過**　鳥取センターより、月1回の訪問となる。訪問の中でひきこ
もり地域支援センターを紹介し、引き続き同センターの職員が面接を行う。3
か月ほど経過して同センターが行っている県ひきこもり者職場体験事業の利用
を開始した。同事業体験後、ヤングハローワークの紹介でアルバイトをし、運
転免許も取得している。

3）　ひきこもり者の就労支援

　ひきこもり者本人・家族にとって、「働きたい」「働かないといけない」「働
いてほしい」という思いは、大きな課題ですが、ひきこもり者に対する具体的
な就労支援体制はまだまだ不十分なのが現状です。では、ひきこもりの本人や
家族が就労を希望して相談に来所したとき、どのようなことに視点を置いて考
えればよいのでしょうか。

①今、就労支援を望んでいるのは誰か？

　ひきこもりの相談は、必ずしも本人が来るとは限りません。むしろ家族を中
心とした周囲の人からの相談のほうが多く見られます。家族が就労の相談に来
たとしても、本人がそれを望んでいるのかどうかはわかりません。この確認は
重要です。就労支援機関に親子で相談に行ったものの、本人は働く意思がなく、
担当者が困惑するということはよくある話です。ただ、「働く意思がない」と
いうのは、けっして「意欲がない」「わがままである」ということではなく、
その背景に、強い対人不安や集団恐怖の存在、エネルギーの低下などが認めら
れていることが大半であり、正しくは「働くことが、現時点では能力的に難し
い」という状態にあります。この場合、ある程度、本人が「外に出てみよう」

という気持ちになる（回復する）までの間（年単位になることも）、継続的な面接などを行い、必要に応じていろいろなサービスの利用を検討することになります。相談を開始して数年後に、ようやく就労に結びついたということも珍しくありません。

②当面、何を目標としたいのか？

　本人・家族・支援者にとって、最終的な目標が「就労」であったとしても、それぞれが抱く当面の目標は、「一人前に働きたい、働いてほしい」「集団の中に出てほしい」「家族以外の人と話してほしい」「せめて、家の外に出てほしい」「経済的に困っている、少しでも収入を得てほしい」などとさまざまです。

　もし、現時点で就労が困難であったとしても、当面の目標に向かえることもあります。たとえば、「家族以外の人と話してほしい」のであれば継続面接を、「家の外に出てほしい」などであればデイケアや福祉サービスの利用などにより、当面の目標を達成することができ、この経過の中で、将来、就労支援の検討を行っていくことが可能になっていきます。

③ときに、診断と見立ては重要となります

　ひきこもりの背景に発達障害が認められるとき、就労支援において、本人が持つ特性に配慮することも必要になってきます。発達障害者は、個人差はあるものの、感覚過敏やコミュニケーション障害、強いこだわり、抽象概念の理解が難しいなどの特性を持っています。感覚過敏の一つである聴覚過敏を持つ発達障害者にとって、騒がしい職場は強いストレスになります。抽象概念の理解が苦手な発達障害者には、仕事の進行支援に具体的な指示が必要とされます。

　一方で、発達障害者でひきこもりに至った人の中には、元来の特性だけではなく、二次障害を持っている人も少なくありません。二次障害とは、障害特性が十分に理解されない中、学業や就労などでの失敗体験、イジメや虐待などの体験の積み重ねにより、二次的に強い対人不信、周囲に対する過敏性の高まり、易刺激性などの症状が出現したものです。二次障害が強い場合は、周囲の状況

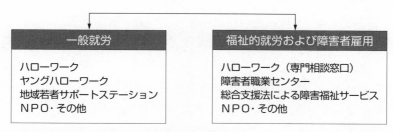

一般就労	福祉的就労および障害者雇用
ハローワーク ヤングハローワーク 地域若者サポートステーション NPO・その他	ハローワーク（専門相談窓口） 障害者職業センター 総合支援法による障害福祉サービス NPO・その他

※必ずしも、就労が当面のゴールになるとは限らない。
※「発達障害」などの告知を受け入れていても、福祉的就労および障害者雇用の利用を受け入れることとは別の問題。
※福祉的就労の利用には精神障害者保健福祉手帳の取得などが必要（なくても、診断書などで利用できる場合もあるが、手帳があったほうがやりやすい）。

図9　ひきこもりからの就労支援機関

に過敏に反応しやすく、継続的に個別な面接を行っていくことが必要とされます。

　相談の経過の中で、生育歴や家族背景、就労経験の有無などを知ることは、支援をしていくうえで重要な情報となります。就労経験があると、具体的な就労のイメージが抱きやすく、過去の経験を生かして支援を行っていくことができますが、就労場面での失敗体験を持っていると、就労に対する強い不安・緊張感を抱いていることもあります。この場合には、無理のない範囲でどのような失敗体験をしてきたかを聞き取り、今後、どのような対応をすればよいのか、仕事を探すときにどのような配慮が必要なのか、安心できる環境を作っていくことを考えていくことになります。

④一般就労か、福祉的就労か

　就労には、「一般就労」と、障害者総合支援法などによる福祉サービスを利用した「福祉的就労」および「障害者雇用」の大きな二つの方向性があります（図9）。当初は、本人・家族の希望するほうから考えていくことになります。発達障害を有し、本人も発達障害の告知を受け入れていたとしても、初めから福祉的就労を考えることには強い抵抗感を感じる人もいます。

　近年、一般就労の支援に大きな役割を示すのが、地域若者サポートステーションです。ここでは、キャリアカウンセリングや心の相談、グループワーク体験、ジョブトレーニングなどが実施されています。この他にも、職業紹介機関であるハローワーク（若者の場合はヤングハローワーク）やひきこもり地域支援センターなどとの連携もとっていきます。また、各地域には、自治体独自の若者就労支援事業や支援活動を行っている NPO などがあるので、これらの情報を得て、適時、連携をとり合っていくことも考慮します。ただし、このような支援機関を紹介しても、実際にその機関に相談に出かけていなかったり（本人が乗り気でない）、何度か通って中断して再びひきこもりの状態に戻っていたりすることがあります。それを避けるためにも、他の機関に紹介した後も、当面は、これまで関わってきた機関が並行して面接などを行っていくことが重要です。

　一方で、一般就労が困難な場合には、福祉的就労および障害者雇用を考慮します。郡部のひきこもり者では、地域に一般就労そのものが少なく、市町村と連携をしながら地元の福祉サービス事業所などにつなげていくこともあります。障害者雇用とは、事業主や自治体などが障害のある人だけの採用枠（障害者枠）で障害のある人を雇用するものです。また福祉的就労では、障害者総合支援法で定められる就労移行支援事業所や就労継続支援事業所（A 型、B 型）などの利用が考えられます。この場合は、障害者相談支援事業所や障害者職業センター、ハローワークの障害者相談窓口などを利用することとなります。障害者総合支援法による福祉的就労を利用するためには、精神障害者保健福祉手帳（場合によっては診断書）あるいは自立支援医療受給者証などが必要となるので、医療機関への受診も必要となります。ただし、家族や支援者が福祉的就労のほうが適切と思っていても、本人がその気でない場合は情報提供にとどめ、しばらくは経過を見ていくことにしています。

　一方で、就職したものの、対人不安や過度の緊張などから短期間で退職してしまうことも少なくありません。そのため、就労後もしばらくは継続して面接・支援を行っていくことが重要となります。継続して面接を行っていれば、

就労がうまくいかなくなっても、一緒にその原因を考え、次回からどのようにしていけばよいのか検討をすることができます。

40代以上のひきこもり者が社会参加する場合、多くの人は福祉的就労などを利用しておられます。しかし、高校や大学を卒業して一般就労を経験している人に、福祉的就労を提案したとき、「何で自分が障害者の就労なんだ」と憤慨される人もいます。一方で、最初から福祉的就労を望む人もいます。そのため、就労支援の情報を提供するときは、基本的には一般論として情報を提供します。

ひきこもりの本人から、「そろそろ仕事をしたいと思うのだけれども、どうすればよいですか」と聞かれたら、「あなたのようにひきこもっていたけれども、今は頑張って仕事をしている人はたくさんいます。その人たちの中でも、一般就労をしている人もいれば、福祉的就労や障害者雇用をしている人もいます。一般就労は、給料はよいかもしれませんが、あなたの体調や得手不得手に対する配慮はあまりなされないので、厳しいこともあるようです。一方で、福祉的就労などは、仕事の内容や勤務時間など、ある程度配慮をしてもらえるため働きやすいのですが、一般就労に比べて、収入が少ないのが現実です。また、福祉的就労などは、障害者の就労支援制度なので、障害者として関わられることに抵抗を感じられる人もいます」と説明をします。こちらからは、積極的に、あなたはどちらがよいかという話はしません。

すると、多くの場合、本人のほうから、「僕はやはり一般就労からやりたいです」とか、「もう私は障害者うんぬんではなくて、これまでの仕事で厳しいことを体験してきたので、最初は福祉的就労のほうがいいです」と話をしてくれますから、まずは本人が望んだほうからスタートしていきます。

本人が、一般就労をしてみたいという希望をされれば、現時点ではまだ一般就労は難しいかなと思っても、とりあえず一般就労を考えてみます。実際に、仕事の内容を聞いてみると、「僕はやっぱり福祉的就労がいいです」と自分のほうから考えを変えられる人はたくさんいます。それを最初から福祉的就労などを勧めてしまうと、本人のプライドの問題や、もしかしたら自分は一般就労

できるのではないかというような不全感も生じて、本人との信頼関係がくずれ
てしまうこともあります。

　また、福祉的就労などというのも、小さいときから障害児として療育を受け
ている場合は、支援を受けることや障害者の制度を利用することがわかってい
ます。しかし、ひきこもりの人たちは、ひきこもりに至るまでは、そういう制
度を利用せずに、ギリギリまで一生懸命頑張ってきた人たちが多く、支援を受
けるということを受け入れるのに時間がかかる人もいます。支援を受けるとい
うイメージがわからないことも少なくないということを理解しておきましょう。

【事例11】

　20代前半、女性。知的障害の診断により、障害者就労支援を利用した事例。
● **家族構成**　本人、両親。
● **生活歴**　中学校卒業後就職をしたが、仕事ができない、人間関係が苦手など
の理由からすぐに退職し、その後2年間、自宅にひきこもり、テレビを見たり
ゲームをしたりして過ごしていた。一度、母が就労の相談に行き、過去に特別
支援学級を勧められたことがあると担当者に話をしたところ、障害者の制度を
利用することを助言されたが、それに対し、「自分の子どもを障害者扱いして
ほしくない」と憤慨して相談は中断した。その後、ひきこもり地域支援セン
ターに相談来所となる。

● **相談後の経過**　数回の本人面接から、同センターが実施している県ひきこも
り者職場体験事業に通うこととなった。作業が本人の能力に合わせたもので
あったことや、雰囲気が良かったことから、休まずに自発的に通うようになっ
た。本人は、今後も支援を受けられる環境で仕事がしたいと話し、母に障害者
制度の利用を提案したところ、毎日元気に仕事に通う本人の様子を見て素直に
受け入れた。母は、けっして障害者支援制度を拒否していたのではなく、障害
者と判定されると社会的に不利益を受けるのではないかという心配や、具体的
にどのような支援が受けられるのかわからないという不安を抱いていたのであ
り、3か月間同センターに通所していく中で、本人には障害者支援を受けるほ

うがよいと納得できたとのこと。知的障害者更生相談所に紹介し、知能検査にて軽度の知的障害を認め、療育手帳（知的障害者の手帳）を取得する。その後は元気に障害者福祉サービス事業所に通所し、障害年金の申請も行った。

【事例12】

　20代女性。就職するもすぐに退職しひきこもり。県ひきこもり者職場体験事業やヤングハローワークを利用し、アルバイトにつながった事例。

● **家族構成**　本人、両親、祖父。

● **生活歴**　おとなしく、マイペースな性格。学生時代を通じて、特に問題となるようなことはなかったが、余暇は一人で過ごすほうが気楽だった。大学卒業後、事務職で就職するが、電話での応対が苦手で疲労が溜まり半年で退職した。もともと、友だち付き合いが少なく、退職後は外出が減り家族以外との交流がなくなった。家庭内ではイライラして、こだわりが増えた。うつ病ではないかと思った家族が、鳥取センターに相談来所となった。

● **相談後の経過**　本人と母が来所、継続相談とした。しばらく自宅でマイペースに過ごす。家族はこだわりに対しての指摘は控えながら、日常の声かけを続けた。徐々に、家庭内では落ち着いて過ごし家事も手伝えるようになり、対人緊張はあったが、図書館など自分の好きな所には外出できるようにもなった。

　就労に向けての意欲はあったが、電話対応などコミュニケーションをすることに苦手意識が強く、就労に向けて、自分から連絡をすることは難しかった。その後、ひきこもり地域支援センターが実施する県ひきこもり者職場体験事業を利用。この間に医療機関を紹介され、WAIS-Ⅲ（成人用ウェクスラー知能検査改訂第3版）の実施や診察などを経て、自閉スペクトラム症の診断を受ける。作業時間は、週3日、半日のみの通所を継続する。軽作業を淡々とこなし休みなく通い、同事業修了後、本人は仕事に通うリズムやペースがつかめて自信がつき一般就労を希望した。ヤングハローワークとの相談においては、本人自身の得手不得手に対して考慮しながら仕事も決まった。就労後も、本人、家族の定期面接を継続し、就労や生活面での不安に対しての相談を行っている。

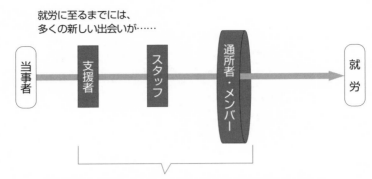

就労に至るまでには、
多くの新しい出会いが……

| 当事者 | → 支援者 → スタッフ → 通所者・メンバー → | 就労 |

実は、この過程にエネルギーがいる。作業能力的には十分できていても、
そこで新たに出会う人への不安感、ストレスのほうが就労へのハードルが高い。

図 10　対人恐怖・疲労は大きな課題

　障害者への就労支援というと、その人の能力的な得手不得手を見ながら、どの仕事が合うのかなど、仕事の内容との相性で判断されることも多いのですが、ひきこもりの人、発達障害を有する人は、それ以上に仕事を通じて、どのような人たちと出会うのか、その人たちから何か言われるのではないか、非難されるのではないか、嫌がられるのではないかということに、強い恐怖感を抱き、多くのエネルギーを使います。そのことを十分に理解して、**支援者は、ひきこもり者自身が持っている人間関係への強い不安・緊張感、恐怖感の存在を念頭に置いて関わっていきます**（図 10）。「あの人は怖くないよ」とか「あの人は良い人だよ」と言われても、たしかに良い人であることは重々わかっていますが、たとえ良い人であっても、出会って話をするときに自分は怖い、ましてや自分自身は仕事もせずにひきこもっている、いまだに親に面倒を見てもらっている、自分が何か叱られるのではないかなどさまざまなことを考え、やはり怖いのです。

　長期にひきこもりの状態にあった人や発達障害の人が新たに仕事を探す場合、一番の課題は対人緊張、対人関係です。これらに十分に配慮をしていくことが必要になっていきます。もちろん、自分の能力や得手不得手、好き嫌いを考慮した内容の仕事を選ぶことにより、人間関係のトラブルは、より少なくなるとは考えられます。

表2　ひきこもり者職場体験事業の概要

1　事業の内容
　　ひきこもり状態にある者が事業を通じ、社会参加できるように支援を実施する。
2　対象者の要件
　　（ア）6か月以上、自宅にひきこもって社会参加しない状態が持続している者
　　（イ）精神疾患にて、定期的に通院治療している者を原則的に除く
　　（ウ）原則として県内在住者
　　（エ）事業実施年度の4月1日時点で満15歳以上である者
3　実施期間
　　1人原則30日間（90日間を限度に延長可）
4　実施体制
　　ひきこもり支援コーディネーター　2名以上

「とっとりひきこもり生活支援センター事業実施要綱」（令和2年改訂）から抜粋

参考：鳥取県における「ひきこもり者職場体験事業」[5][6][7]

　ひきこもり者の就労支援が難しい背景には、一般就労の支援も福祉的就労などの支援も、ひきこもりに特化した制度でないことにあります。そろそろ就労を考えたいと思い、週に1、2日の短時間から始めたいと思っても、そのような制度はあまりありません。一般の就労訓練はひきこもり者にとっては負荷が重く、一方で、福祉的就労などの制度利用には抵抗があったり、適応できなかったりすることもあります。それ以上に、その福祉的就労なども、ひきこもり者にとっては通所が難しい場合も少なくありません。もっとも、その大半は、作業の能力の課題だけではなく、ひきこもり者の人と接することへの不安・恐怖、緊張感に基づくものです。できれば、仕事内容に加え、対人不安・恐怖に対する適切な配慮ができる、「就労訓練に出るための、一歩手前の練習、集団慣れ」のようなものが必要とされる人もいます。このようなひきこもり者を対象として、鳥取県では、平成14年度（2002）から、県単独事業（ひきこもり支援事業）の一つとして就労訓練を行う「ひきこもり者職場体験事業」を行っています（表2）。

　ひきこもり者職場体験事業の実施期間の90日は延日数で行われ、本人の状

況や希望などから、当初より日常の生活リズムをつけることを目標として週5日で開始する人もいれば、対人緊張が強く、短時間の作業で著しい疲労感を認める場合には、週1日2時間のみから開始される人もいます。

　職場体験事業は、現在、とっとりひきこもり生活支援センター（鳥取県のひきこもり地域支援センター）が委託を受けて行っていますが月1回、鳥取センター、とっとりひきこもり生活支援センター、各保健所間で、連絡会を行っています。

　近年、この事業の利用を通して福祉的就労に至る割合が増加してきています。これは、支援機関同士の連携が進み、職場体験期間中に、医療機関との連携から受診に至り自閉スペクトラム症などの適切な診断がなされるようになってきていること、事業利用当初からさまざまな支援制度の情報提供を受け、それぞれが職場体験事業修了後どのような制度の利用に向かっていくのか、見通しを持って支援が進められるようになってきたことにあります。

　また、本人と家族にとって、職場体験事業を通して、自分自身の職業適性や、障害を有している場合はそれを受容する過程となっています。事業開始当初は、福祉的就労などをまったく拒否していたひきこもり者が、支援を受けることを体験することによって支援を受けるほうが自分自身の可能性が広がっていくことを自覚し、同事業修了後には継続して福祉的就労などを希望する者も少なくありません。一方で、対人不安・緊張が強いが、就労能力は高く、就労訓練の経過の中で徐々に集団に慣れ、ハローワークや地域若者サポートステーションと連携しながら、これらの特性を理解したうえで一般就労へと向かっていく事例もあります。

　支援者においては、利用者の作業や対人コミュニケーション様式などを観察することで、職場環境への適応の程度、作業の適性や能力を評価し、精神症状や障害の有無を、医療機関との連携によって判断することができます。職場体験事業利用の90日間は、事業を有効利用するだけでなく、支援機関同士が連携を行い、互いにひきこもり者への相談支援のスキルを向上する場となっています。

　この「ひきこもり者職場体験事業」は、鳥取県独自の事業です。当時、中学校や高等学校の不登校の子どもたちを見ていたこともあり、鳥取県教育研修センター（現、鳥取県教育センター）と連携をとることが多かったのですが、その中で、中学校卒業後進学しない生徒、高等学校を中退した生徒の行き場所や支援がないことが課題になっていました。就労支援の一つとして、若者の就労支援制度などの利用を試みていたのですが、担当部署のほうから、この制度は主にＵターン希望者を対象としたもので、不登校対策の制度ではないと指摘を受けました。それならと思いついて作られたのがこの事業です。この事業のモデルとなっているのは、このころ、精神障害者の社会復帰に向けて全国的に利用されていた、「通院患者リハビリテーション事業（通リハ）」です。しかし、通リハは、精神疾患で精神科医療機関に通院をしている人が対象とされていました。そこで、病名がついていない人、精神科医療機関に通院をしていない人でも使える、通リハのひきこもり者版として考えられたのがこの事業です。ちなみに、当時は、ひきこもり支援の３本柱ということがよく言われていました。３本柱は、「就労支援」「木賃宿（共同生活の場）」「お兄さんお姉さん（家族以外の優しい大人の存在）」です。このひきこもり者職場体験事業は、その「就労支援」の一つであり、当時、鳥取県ではこれに加えて、ひきこもり者の共同生活事業、相談事業も開始しました。共同生活事業は、利用者がなくなり事業がスタートして３年後の2005（平成17）年で中止となりましたが、ひきこもり者職場体験事業と相談事業は継続され、現在は、とっとりひきこもり生活支援センターに引き継がれています。

4　ひきこもりの長期化

1）　ひきこもり長期化の背景

　多くの場合、エネルギーが回復してくるに伴い、ひきこもりの状態も改善していきます。しかし、ときにはエネルギーがある程度回復しているのに、ひきこもりの状態が十分に改善せず、長期化することがあります。家の中では一見

普通で家族とは落ち着いて話ができるのに、外に出られず、家族以外の人と出会うことを避けます。この場合は、対人恐怖、集団恐怖、そして「対人疲労（人と出会ったあとに、強い疲労感を感じる）」が強く残っているというところに課題があります。つまり、ひきこもりの背景には、

　①エネルギーの低下

　②対人・集団恐怖、対人疲労

という二つの大きな要素があります。

　ひきこもりの人でも、対人・集団恐怖、対人疲労があまり強くない場合は、エネルギーの回復とともに、ひきこもりの状態も徐々に改善していきます。主に、短期改善タイプです。一方で、たとえば、イジメや虐待、職場でのパワーハラスメントなどで強いダメージを受け、その結果として、強い対人・集団恐怖が残っている人は、ひきこもりが長期化することがあります。この背景には、もともと対人不安が強く、コミュニケーションがうまくとれない特性があるなど、発達障害（あるいはその傾向）を有している場合も少なくありません。対人・集団恐怖が強い場合は、まずは無理をせず、これらの恐怖症状の軽減に努めていくことになります。これは長期化タイプに多く見られます。長期化の場合は、充電期から回復期のあたりで停滞しています。

2）　長期化の3症状

　ひきこもりが長期に続くとき、①著しい対人恐怖、②イライラ、易刺激、被害感情（攻撃性）、③強迫症状、強いこだわりといった三つの症状のいずれか、あるいは複数の症状が重なって見られることがあり、これらの症状は日常生活に大きな影響をもたらします（図11）。この場合、これらの症状がある程度軽減してくると、ひきこもり状態も改善していく傾向にあり、その症状を十分に理解して関わっていくことが重要になってきます。また、これらの症状は発達障害者にもよく見られる症状です。

　「①著しい対人恐怖」があると、人と会うこと、外出することが難しくなってきます。エネルギーが回復してくると、家族とは以前のような普段どおりの

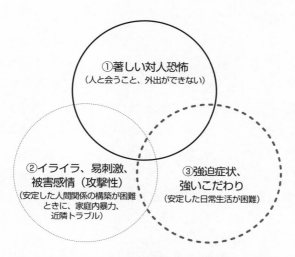

図11　長期ひきこもり者に見られる3症状とその影響

生活はできますが、この著しい対人恐怖があると、家族以外の人と接すること
をできる限り避けようとします。

【事例13】

30代前半、女性。

10年近くひきこもり状態が続いているが、最近では、家の中では落ち着き
家族の夕食を作ってくれるようにもなっている。しかし、ほとんど家の外に出
ることはない。あるとき、母が、「回覧板が来たから隣の家に持っていって」
と頼んだところ、「回覧板は、持っていけない」と答えた。母は、「なぜ回覧板
を持っていけないの。隣の家まで1分もかからないでしょ」と言うのだが、本
人は、「もし外に出て誰かが見ていたらどうするのか、後あと何を言われるか
わからない。それに近所の人に出会ったときに話しかけられたらどう話したら
いいのかわからない」など、さまざまなことを想像すると、そんな恐ろしいこ
とは自分にはできないと言う。ひきこもっていて対人恐怖の強い彼女からすれ
ば、わずか1分もかからない隣の家に回覧板を持っていくことは、夕食を作る

よりもエネルギーがいることと考えられる。

【事例14】

20代後半、男性。

この男性は高校生のとき、JRを利用すれば1駅5分のところにある高校に通っていた。しかし、本人は、列車の中は同じ高校生がたくさんいて緊張するので、JRには乗らずに自転車で40分間かけて峠を越えて通っていた。家族からすれば、高校生がたくさん乗っていても5分間隅っこでじっとしていたらすむと思うのだが、本人は、「それが恐怖だから、自転車で通っている」と話す。本人にとって、5分間JRに乗るということは、40分間かけて自転車で峠越えするよりもエネルギーのいることと思われる。

著しい対人恐怖を抱いている人の中には、ひきこもる前に、対人関係の強いダメージを受けている人も少なくありません。いざ、エネルギーが回復してきて就労や社会参加をイメージしても、そのときの「叱られる」「うまくいかない」というイメージしか浮かんでこない人もいます。この場合は、まだまだ外に出ていくことは難しい状況にあります。**恐怖症状が強く残っている人への関わり方は、家族との安心・安全な関係に加えて、少しずつ安定してきて短時間なら外出できるようになってくれば、家族以外の安心できる人（支援者など）との出会い体験を積み重ねていくことが大切です。安心できる人たちとの出会いの経験を重ねることにより、恐怖症状は少しずつ軽減していきます。**また、この経過の中で、一時的に、不安、緊張を抑えるために向精神薬を服用する人もいます。

「②イライラ、易刺激、被害感情（攻撃性）」が強いと、安定した人間関係の構築が困難となり、ときに家庭内暴力や近隣トラブルが起きることがあります。この背景には、聴覚過敏が関与していることもありますが、二次障害が生じていると、対人不信や著しい対人恐怖に加えて、このような易刺激性などが高まってきます。

【事例15】

30代後半、男性。ひきこもり生活が続いているが、聴覚過敏を認め、隣家とのトラブルが生じている事例。

● **生活歴**　高校卒業後、県外で10年間働いていたが人間関係のストレスで退職し、地元に戻ってからは、ひきこもりの状態が続いている。今は一人暮らしだが、地元に戻って数年後に、隣家が息子夫婦と同居するために増築をした。本人の部屋に近いことから、本人は増築に反対をしたが聞き入れてもらえず、以降、隣家との関係が悪化している。2、3年経って、隣家の息子夫婦に子どもができたころから、子どもの泣き声やはしゃぐ声に不快感を抱くようになってきた。徐々に、子どもだけではなく、隣家のドアの開け閉め、車のエンジン音など、隣家に関係するすべての生活音が不快だと感じるようになり、その影響でさまざまな体調不良も出現してきた。隣家の住人がわざと自分に嫌がらせをしているのだと感じるようになり、このころから、隣家に怒鳴り込むなどの行為にも及ぶようになった。隣家からの苦情も強く、警察も一時介入したが解決には至らず、別居している家族が鳥取センターへの相談来所となった。

● **相談後の経過**　本人への関わり方などを含め家族相談を継続していたが、その間、何度か本人とも面接をすることができた。これまでの経過から、もともと聴覚過敏を有し、ストレスフルな環境の中、この過敏性がより一層高まり、隣家に対する被害関係妄想様の症状が出現したと考えられる。しかし、食事、入浴、睡眠などの日常生活では特に問題はなく、まれに外出をしたとき、隣家以外の人とは短時間であれば普通に穏やかに話ができる。ただ、対人関係の過敏さがあり、なかなか就労などには至らない。引き続き、本人への対応などを含め家族への定期面接の継続を行うとともに、本人との面接も適時実施している。だが、本人面接は、本人の隣家への不満やそれに関係して生じる体調不良などを聞くことが中心で、クールダウン的な関わりとなっている。

【事例16】

30代前半、男性。仕事の不出来に対する厳しい叱責などにより二次障害を

生じ、ひきこもりに至っている事例。

● **家族構成**　本人、両親。

● **生活歴**　小・中学校のころは友だちもいたが、小学校高学年のころから同級生と話をしなくなった。中学校に入っても一人でいることが多く、周囲から勧められるままに高校、県外の専門学校に進学したが、友だちはできなかった。

専門学校卒業後は、コンビニや製造業などさまざまな仕事に就くが、いずれもミスを注意されることが多く長続きしない。ある会社では単純なミスの繰り返しが目立ち、激しい暴言、厳しい叱責を受け続けた。頭痛や出社拒否が見られるようになり、3年ほどで退職。その後もいくつか仕事に就くものの、「怒られるのでは」という恐怖感から長続きしなかった。以後ひきこもりの状態が続く。最近、急なイライラ感から物を壊したり、自傷行為を認めたりすることがあり、心配した両親が鳥取センターへ相談来所となった。

● **相談後の経過**　これまでの生育歴の経過などから、発達障害（自閉スペクトラム症）が疑われる。本人への対応など家族への面接を継続する。一時、本人も相談来所するが、「話しをすることで嫌なことを思い出し気分が悪くなる」と中断した。本人面接では、「怒られたのは自分が悪いから」と自責的な発言が聞かれた。現在は無気力状態で、時どき出かけることはあるが、家で横になって生活することが続いている。両親の「何か趣味でも持ってほしい」という思いに反して、本人の望みは、「親の目標を、ただ家にいて生きているだけで良しとしてほしい」と話す。家族が本人のペースでの生活を認めていく中で、ひきこもり状態が続いているが、以前のような自傷行為は認めなくなってきている。

「③強迫症状、強いこだわり」があると、安定した日常生活が困難になります。何かをするにしても順番どおりでないといけない、予定どおりでないと不安、予定外・想定外のことがあるとパニックになる、食事や日常生活にも強いこだわりがあるというものです。

【事例 17】

　40 代前半、男性。不潔恐怖、こだわりが強く、10 年以上ひきこもりが続いている事例。

● **家族構成**　本人、両親。

● **生活歴**　小さいころから神経質なところがあり、緊張すると手がふるえるなどの症状が見られた。高校卒業後、県外の専門学校に進学するも、体調を崩し半年で退学、実家に戻る。しばらくは家族と外出できていた時期もあるが、体調不良が続き次第にひきこもりがちとなる。十数年前に精神科に通院し抗不安薬などを服用したが、改善はしなかった。不潔恐怖があり、一日に何度も手洗いをするだけではなく、外から帰宅した両親にも手洗いを強要する。また、こだわりも強く、食事は毎日決まったもの（特定のメーカーのもの）しか口にしないため、母が、その商品を探し買いに出かけるが、近くの店にない場合は遠くのスーパーまで買いに行くこともある。将来の生活への不安もあり、市保健師から鳥取センターを紹介される。

● **相談後の経過**　本人、家族が来所。本人面接では、本人の体調不良に関する不安に対しての話題が中心となる。相談開始 1 年目、父が退職し一日の大半を自宅で過ごすようになったことで本人のストレスが増強し、これに経済的な不安も加わり、ますます不潔恐怖も厳しくなってきた。そのため、両親面接では本人への関わり方などを一緒に考えるとともに、自閉スペクトラム症の診断にて障害年金を申請、受給となる。経済的不安が一部軽減したことより、こだわりも当初より軽減されてきたが、ひきこもりの状態は続いており、相談は家族面接が中心となっている。本人へは、市保健師などが自宅訪問を随時行うとともに、不安が高まってきたときは随時、市保健師や鳥取センターが電話での対応を行っている。

3)　ひきこもりの相談・支援のゴールは

　支援者にとって、それぞれの支援者が所属する機関のひきこもりの相談・支援のゴールをどこに置くかが大きな課題となっています。保健所においても、

この課題に対して多くの戸惑いがあります。ただし、保健所も、都道府県型、政令指定都市型、中核市型などによって規模や機能が異なっており、また同じ中核市型でも、それぞれの自治体によって支援の状況が異なっているので、それぞれの抱える課題もさまざまです。

1994（平成6）年の地域保健法の改正により、住民の直接サービスは市町村などの自治体の責務となり、近年、住民を対象とした直接サービスを保健所（特に都道府県型）が長期に継続することは少なくなってきています。統合失調症であれば、保健所に相談があったとき、保健所が介入して受診勧奨をしたり、ネットワーク会議を開いたりして、最終的には、精神科医療機関が医療的支援を、医療機関の相談室や地域の障害者相談支援事業所が、福祉サービス支援、生活支援を継続していきます。そのため、統合失調症の相談における保健所の機能は、相談者への受診勧奨、医療機関へのつなぎが、（その後、関わりを持つとしても）一定の相談のゴールとなっていました。

ところが、ひきこもりや発達障害者の支援では、必ずしも医療導入が必要とは限りません。そのため、一度関わりを持つと、その後、どのように継続していくのかゴールが見えづらくなっていきます。現時点で、ひきこもりや発達障害の人を、どこの機関が支援していくのかは明確ではありません。むしろ、それぞれの地域事情、本人や家族の状態に応じて、中心となる支援機関、支援者が、そのつど変化してくると考えたほうがよいかもしれません。地域での困難事例というのは、支援の狭間にいる人たちです。そのような不明瞭な事例に、「役割分担をしましょう」というのは非常に難しく、仮に役割分担を目的とした事例検討会を開いたところで、いずれの機関も「私のところの役割ではありません」と主張されれば、ますます支援が困難になっていきます。**それぞれの機関がそれぞれの役割を少し広げて連携を持ち、この支援の狭間を埋めていくことが必要となっていきます。**

今後、発達障害や二次障害を有するひきこもりの人の相談は、ますます増えてくる傾向にあります。ひきこもりや発達障害を専門に診る機関も必要ですが、それ以上に、多くの相談機関が、ひきこもりや発達障害に関する理解や支援の

スキルを高め、専門機関と連携を持ちながら、それぞれの機関の相談の中で、ある程度対応できるようになっていくことが大切です。

　ひきこもりの面接相談をどこまで続けるのかも、それぞれの相談機関の立場によって異なってきます。就労に至って、ひとまず面接は終了になることもあります。もっとも、多くの場合（特に背景に発達障害などの対人関係の課題が認められる場合）は、就職したからといっても長期に仕事を続けることができるか不安なことが多く、当面の間は面接相談を続けます。また、医療機関につながり、その後は医療機関が主体となって支援をしていくということもあります。福祉サービスに結びついて、障害者相談支援事業所などが主体となることもあります。回復はしていないけれども少し精神症状も安定したので、家族のほうから、ひとまず継続した面接相談は終了したいと希望されることもあります。ときには、継続面接を行っていた家族自身が、家庭の事情（病気など）で継続面接が難しくなる、あるいは家族が自分たちの親（本人にとっては祖父母）の介護に手を取られるようになり、継続した面接が難しくなることもあります。もちろん、いずれの場合も、完全に相談関係を切るのではなく、何かあればいつでも相談できる関係は残しておくことが大切です。

5　県外でのひきこもり

　ひきこもりの相談は、自宅でのひきこもりばかりとは限りません。県外の大学に進学したものの、不登校になって休学し、そのままひきこもり状態になる場合や、卒業はしたものの就職はせずに、あるいはすぐに仕事を辞めてしまってひきこもりの状態になっている場合もあります。しかし、県外での一人暮らしのため、なかなか状況がつかめず、数か月経って学校や職場から連絡があって初めて学校に行っていない、仕事に行っていないと家族が気づくこともあります。この場合、支援者だけではなく、家族もひきこもり者本人に会うことが難しいということもあり、家族としても、どこに相談に行けばよいのか悩まれる場合もあります。

　大学在学中であれば、大学の学生係や学生相談支援窓口、担当の教官、保健管理センターなどに相談をしたり、発達障害者の支援窓口を利用している人もいます。大学の場合、取得単位の不足により進級や卒業が難しくなっている場合には、次年度、留年して4月からまた通学するのか、休学するのか、退学するのか、申請が必要となることがあります。しかし、本人と連絡がとれなかったり、仮に本人と話ができても明確な意思表示がされなかったり（その話題をすると、不機嫌になる、黙り込むなど）するため、申請もできず家族も判断に戸惑うことも少なくありません。

　休学になった場合、そのまま自宅に帰ってこられればよいのですが、ときに、アパートにひきこもってしまい、家族のほうも会えなくなったり、連絡がとれなくなる人もいます。この場合、本人が拒否的なのに、無理矢理、本人と会おうとしたり連れて帰ろうとしたりしても、かえってアパートなどに閉じこもって会えなくなってしまったり、ときには行方不明になってしまうことがあります。また、叱責などを強くしすぎると電話やメールにも反応しなくなることもあり、せめて、**一方通行であったとしても、連絡手段がなくなることだけは避けたいところです。**

　とりあえず、当面は最低限の声かけ（メールなども含む）にとどめ、学校に関する情報だけは伝えられるようにしておきます。たとえば、家族が大学と連絡をとり合いながら、現状で留年の可能性があるのか、その場合何か手続きが必要なのか、どのような書類がいるのか、そして締め切りはいつなのかを伝えるようにします。このとき、伝えることはその時点で必要な内容のみにとどめ、「将来どうするのか」「何を考えているのか」など回答に詰まるような質問は避けます。多くの場合、最初はなかなか反応がなくても、締め切り間際に何らかの反応を示してくれたりします（その意味でも、申請などの締め切りの日程をきちんと伝えておくことが必要です）。

　実家に帰りたくない理由も、もともと実家の家族の誰かと関係が良くなかったり、家族との関係は安定しているが地元の同級生と会いたくなかったり（地元の同級生にイジメられていた、今の自分を同級生に見られたくないなど）とさま

ざまです。本人との相談に結びつくのはなかなか難しいことが多く、継続した家族相談が中心となっていきます。

【事例18】

20代男性。県外に進学するも不登校となり、親との接触を拒絶しアパートにひきこもり、家族面接のみを定期的に行っている事例。

●**生活歴**　もともと対人緊張は高かったが、小学校のときから友だちも多く、中学校の部活動で部長をしていた。高校卒業後は県外の大学に進学し、大学3年までは親しい友だちはできなかったが、表面的にはうまく合わせていた。

大学3年の秋頃から卒業論文に向けてゼミが始まったが、ゼミの担任の指導が厳しく、担任から「言われたことしかしない。指示待ち人間だ」などと叱責され、ゼミの中でも孤立するようになった。4年になり、同級生は就職活動を始めたが、本人は具体的に何をしてよいのかわからず、就職活動はほとんどできなかった。同年の6月頃からゼミにも出席できなくなり、大学から両親に本人が大学に来ないと連絡がきた。心配した両親がアパートに出向いたが、玄関のドア越しに、「疲れているから休ませて。家族が来ると休めない」と拒絶され会えなかった。結局、ゼミの単位のみ残し卒業延期となり、そのときは、本人とドア越しに会話ができ、本人が卒業することを希望したため留年とした。しかし、新年度に入っても一度も大学に行けず、家族からの電話にも出ず、直接アパートを訪問しても居留守を使って反応がない。対応方法を求めて、知人から鳥取センターを紹介され相談に至った。

●**相談後の経過**　両親は本人を無理矢理にでも自宅へ連れ帰りたい気持ちを話すが、本人が拒否する中、無理に連れ帰っても、本人の対人恐怖、対人不信が高まり、ますます親子関係に悪影響を及ぼす可能性が高くなることから、しばらくは経過を見ることとした。本人は、両親を避けるようになり、電話は通じず、家族が会いに行っても不在を装い会うことができない。連絡はメールによる一方通行のみとなり、最小限の情報だけを伝えるようにした。現金の仕送りを継続していたため、通帳のチェックや水道料金やガス料金の動きなどから、

本人が日常生活を何とか送れていることは確認できていた。

　再び新年度を迎えるにあたり、学校からは再度、家族に対して、復学か休学か退学かの判断を迫られたが、本人の意思表明がないため、家族の判断で休学の方向で検討するとのメールを本人に送り、家族が休学届けを提出した。最終的には、7月にアパートの取り壊しの予定がありアパートを退去する必要が出てきた。このことは、以前から本人も知っていたことであり、その旨をメールで伝えると、ようやく本人は納得し連絡をして自宅に戻ることとなった。自宅に戻ってからも自室にこもることが多く、夜中に入浴や食事を一人ですましている状態が半年ほど続いていたが、最近は、時どき家族と食事をとり、会話ができるようになってきている。

6　ひきこもりと薬物療法

　「ひきこもり」というのは、特定の病名を指しているのではなく状態像です。そのため、薬物療法の必要性は、それぞれの状態や背景にある病気や障害によっても異なってきます。時どき、薬物療法の是非論（薬物療法は良いか悪いか）を聞くこともありますが、そもそも、本人を診ずして、その人に薬物療法が必要かどうかはわかるはずもありません。また、仮に、服用の可能性を考えたとしても、本人が、薬物を服用することについて、どのように思っているのかを確認することも重要です。

　一般的に、薬物療法の必要性の有無については、

①治療のために、積極的な薬物療法が必要とされる場合。
　統合失調症や気分障害（躁うつ病や内因性うつ病）などの治療を目標とする。
②補助的に、薬物療法が効果的な場合。
　病気そのものを薬物療法だけで改善させていくことはできないが、補助的に行うことによって効果が期待できるもの。不眠症や、二次的に起き

> てきた不安、イライラ、抑うつ気分などの症状の軽減を目標とする。
> ③薬物療法の効果は、あまり期待できない場合。

などが考えられます。

　ひきこもりや発達障害に関しては、その状態や障害そのものを薬物で改善させていくことはできませんが、出現しているさまざまな精神症状に対しては、薬物が効果的なこともあります。薬物を使うことによって、本人の不安や不眠、身体症状が改善し、日常生活がより安定してきたという人もたくさんいます。しかし、この場合も、薬物がすべてを改善してくれるのではなく、並行してカウンセリングや環境調整を行い、ひきこもりの状況や発達障害の特性を周囲が理解して、本人の希望を踏まえながら、福祉サービスの利用などの検討も行っていくことが重要です。

　向精神薬は、精神科で使われる、中枢神経系に作用する薬物の総称です。向精神薬にも、いくつかの種類があります（表3）。

　注意欠陥多動性障害で見られる多動性・不注意・衝動性などに対しては、メチルフェニデート徐放錠（コンサータ®）やアトモキセチン（ストラテラ®）、グアンファシン（インチュニブ®）が使われますが、興奮しやすい、怒りっぽいなどの症状が強いと、リスペリドン（リスパダール®）、アリピプラゾール（エビリファイ®）などの非定型抗精神病薬、あるいは定型抗精神病薬が使われます。

　もともと抗精神病薬は、統合失調症などの幻覚・妄想などの症状に対して使われるものです。また、リスペリドンの液剤は効果の発現が速いことから、不安・興奮時などの頓服としても、よく使われます。

　うつ病の症状、あるいはこだわりや強迫症状については、セルトラリン（ジェイゾロフト®）、フルボキサミン（デプロメール®、ルボックス®）などのSSRI（選択的セロトニン再取り込み阻害薬）、イミプラミン（トフラニール®）などの三環系抗うつ薬などが使われます。躁状態とうつ状態が繰り返される場合は、これらの状態の出現を予防する目的で、バルプロ酸ナトリウム（デパケン®）、炭酸リチウム（リーマス®）などの気分安定剤が使われます。なお、気分安定剤の中に

表3　ひきこもり者に使われる向精神薬など

分類	薬剤名	対応症状
ADHD治療薬	メチルフェニデート徐放錠（コンサータ®）	多動性
	アトモキセチン（ストラテラ®）	不注意
	グアンファシン（インチュニブ®）	衝動性
抗うつ薬	セルトラリン（ジェイゾロフト®）	抑うつ
	フルボキサミン（デプロメール®、ルボックス®）	不安
	イミプラミン（トフラニール®）他	強迫
	他：SSRI、三環系抗うつ薬など	こだわり
抗精神病薬	リスペリドン（リスパダール®）	攻撃性
	アリピプラゾール（エビリファイ®）	興奮
	他：非定型抗精神病薬、定型抗精神病薬	
気分安定剤	バルプロ酸ナトリウム（デパケン®）炭酸リチウム（リーマス®）他	周期性障害
抗不安薬／睡眠導入剤	クロチアゼパム（リーゼ®）	不安／不眠
	ブロチゾラム（レンドルミン®）他	頓服など
漢方薬	抑肝散、柴胡加竜骨牡蛎湯　他	不安・鎮静

※ひきこもりそのものを治療するのではなく、認められるそれぞれの症状に対して薬が使われる。

は、もともとはてんかんの薬として使われているものがあります。

　不眠や不安、緊張、イライラなどに対しては、睡眠導入剤、抗不安薬などが使われますが、抗不安薬は、比較的速く体の中に入り短時間で体から抜けていくものが多く、不安時などの頓服薬としても使われます。

　最近では、不安、心気症状、イライラなどに対して、抑肝散、柴胡加竜骨牡蛎湯などの漢方薬が使われることも増えてきています。

　また、薬物には、ときに副作用が出現します。副作用としては、食欲低下や倦怠感など身体症状が現れることもありますが、イライラや落ち着かないなどの精神症状も認めることがあります。副作用は、新しい薬を服用したり、増量したりしたときに、あるいは急に中止、減量したときにも見られることがありますが、これらの多くの場合は、処方を追加、変更して数日の間に認められます。これまでに見られなかったような症状の変化が見られたときは、早めに主治医などに連絡し、相談してみるようにしてください。

新型コロナウイルス感染拡大による
自粛生活から見た「ひきこもり」

　新型コロナウイルスの感染拡大に伴い、2020（令和2）年4月16日から
およそ1か月間、全国に緊急事態宣言が出され、日常生活の多くの部分に
自粛要請があり、感染拡大への不安なども含め多くの人が強いストレスを
感じた状態にあったと思われます。ところで、この感染拡大による自粛生
活の中で、ひきこもりの人はどのような反応を示されたのでしょうか。

　相談に来られている多くのひきこもり者あるいはその家族からの話では、
一部の不潔恐怖などの強迫症状を持たれている方を除いて、それほど大き
な混乱はなく、むしろ安定しておられる方が大半でした。大きな地震のと
きは、ひきこもりの人の中に不安定になる方がたくさんおられました。彼
らにとって一番安心・安全の場である自分の部屋や自宅が、いつ何どき破
壊されるかという不安・恐怖感と、万一、自宅に住むことができなくなっ
た場合、最も苦手な集団生活を求められる避難所に行くか行かないかの決
断をしなくてはいけないという不安があるからです。

　しかし、新型コロナウイルス感染症に限っては、ひきこもっている自室、
自宅がむしろ最も安全な場であるという安心感があるからでしょうか。で
は、すべてのひきこもり者が落ち着いているかというと、一部の人に不
安・混乱が起きていました。それは、かつてひきこもり生活を送っていた
ものの、今は少し改善して県外で一人暮らしをしている人たちです。緊急
事態宣言が出され、都道府県をまたいでの移動の自粛を余儀なくされまし
た。そのため、自分が不安になっても自宅に帰れない（現実には、自粛要
請を無視して平気で移動していた人もいますが）、あるいは家族が心配しても
一人暮らしの本人のところに行くことができないというものです。「一人

で部屋にこもっていると変になりそう」と家族に訴えた人が何人かいます（もちろん、現地ですでに、安心できる友人や支援者とつながっている人は、このような混乱は起きていません）。

　こうして考えてみると、ひきこもりの人、対人緊張が特に強い発達障害の人は、極力人間関係を避けたがるのですが、彼らが望んでいるのは、**「100」ある人間関係を、限りなく「1」に近づけたいのでしょうけれども、「0」を望んでいるわけではなかった**ということでしょうか。そして、この「1」が、安心・安全な環境を提供してくれる人であり、自分自身を理解してくれる人であることを望みます。この「1」が満たされ、余裕ができてくると「1」を、「2」「3」へと広げていく人もいれば、「1」で固定している人もいます。8050問題で関わる人は、この「1」（家族）で固定している人が多いので、それ以上の介入を望みませんが、家族が何らかの理由で支援ができなくなったとき、初めて、周囲は新たな「1」（支援者）の提供が可能になることができるのかなと思います。

　ひきこもりの人は、煩わしい人間関係を嫌っているようでも、すべての人間関係が遮断されると、それはそれで不安なのかなと今回のことでちょっと感じました（まぁ、中高年になると「0」でも大丈夫な人もいるかと思いますが）。

　今回の自粛生活、「巣ごもり」の生活について、自分はひきこもり生活は大丈夫ですと言われる人もいましたが、それはどこかでわずかでも人間関係（いざとなったときに、自分を助けてくれる人、まったく部屋にこもっていてほとんど会話をしなくても、同居している家族がいる、電話でいつでも話せる知人がいるなど）がつながっているからこそ言えることなのだなと思います。

第2章 中高年ひきこもりと8050問題

1 中高年ひきこもり——中高年ひきこもりを対象とした調査から

　ある地域で、80代のお母さんが検査のために1週間入院することになりました。近所の人は、お母さんは一人暮らしだと思っていたのですが、実はそこには30年近くひきこもっている息子がいました。世間体もありそのお母さんは伏せていたのだと思いますが、その息子がひきこもりになり始めたころは、地域の中には相談に行ける機関もなく、まだまだ、ひきこもりに対しての理解もほとんどなかった時代です。息子は、人が来たときは2階の自分の部屋の中でひっそりと隠れていたので、お母さんの介護支援をしているケアマネージャーも息子の存在に気づきませんでした。お母さんが入院するとき、息子のために自宅に1週間分の食べ物（大半は、冷凍食品）を置いていきました。ところが、新聞ぐらいは家の中に取り込んでくれていると思っていたのですが、息子は新聞を取り込むという経験もないので、新聞がどんどん新聞受けからあふれ玄関口に溜まる状況となりました。それを聞いたお母さんは、病院の看護師さんに、「実は、我が家には50代のひきこもっている息子がいるのです」と伝えました。保健所の保健師さんが家の中に入っていったところ、本人は何も食べていない状態で倒れていたということで、近所の人も初めて息子の存在に気づき、母・息子の両方に支援が入ることとなりました。

　このように、近年、80代の高齢の親と50代のひきこもりの子が同居する家族の問題、いわゆる「8050問題」に見られるように、ひきこもりの長期化、高齢化が課題となってきています。しかし、これまでのひきこもり者の実態調査は、思春期から青年期を中心としており、中高年ひきこもり者の状況や背景、

支援のあり方に関しては、十分に検討がなされていないのが現状です。ここでは、鳥取センターが実施した40歳以上のひきこもり者への調査[8]をもとに、中高年のひきこもり者の現状と課題について述べてみたいと思います。

《調査内容》

　鳥取センターでは、ひきこもり者の相談を行うとともに、2009（平成21）年に開設された「とっとりひきこもり生活支援センター（以下、鳥取ひきこもりセンター）」と連携をとりながら回復に向けての支援を行ってきています。鳥取センターでは、平成30年度（2018）に、40歳以上の年齢でひきこもり状態の既往がある者を対象に調査を行うとともに、鳥取センターが過去に実施した40歳未満のひきこもり者を中心とした調査と比較、検討を行いました。

　調査の対象は、平成25年度（2013）から29年度（2017）までの5年間に鳥取センターで本人もしくは家族から相談を受けた者のうち、40歳以上の年齢時に、ひきこもり状態にあった既往がある50人（男42人、女8人）です。このうち、調査時点でもひきこもりの状態が続いている「現在ひきこもり者」は35人（男27人、女8人）、現在はひきこもりの状態が改善されている「過去ひきこもり者」は15人（男15人、女0人）です。これらのひきこもり者に対し、相談記録および担当者からの聴取などにより、1）性別・年齢、ひきこもり開始年齢・ひきこもり期間、ひきこもりのきっかけ、2）現在ひきこもり者の生活状況、過去ひきこもり者の就労状況、3）同居者の有無および収入、4）最終学歴、就労歴の有無と適応状況、5）現在・過去ひきこもり者の精神症状、6）現在・過去ひきこもり者の支援の受け入れについて調査を行いました。

《結果》

1）　性別・年齢、ひきこもり開始年齢・ひきこもり期間、ひきこもりのきっかけ

　対象者50人の年齢は、40代39人（78.0％）、50代9人（18.0％）、60代2人（4.0％）であり、全体の平均（±標準偏差）は45.2±8.2歳、現在ひきこもり者は45.7±4.8歳、過去ひきこもり者は46.8±5.4歳でした。ひきこもり開始年齢は10代から40代と幅広く、平均31.1±11.0歳であり、30代以降が30

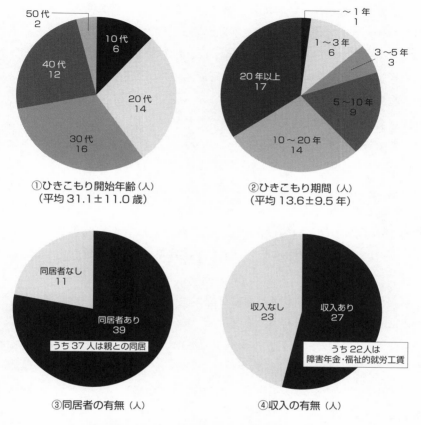

①ひきこもり開始年齢（人）
（平均 31.1±11.0 歳）

②ひきこもり期間（人）
（平均 13.6±9.5 年）

③同居者の有無（人）

④収入の有無（人）

図 12　中高年ひきこもり者 50 人の背景（男 42 人、女 8 人）

（山下ほか, 2019 をもとに作成）

人（60.0%）を占めています（図 12 ①）。

　ひきこもり期間は平均 13.6 ± 9.5 年であり、50 人中 31 人（62.0%）が 10 年
以上である一方で、7 人（14.0%）は 3 年未満でした（図 12 ②）。うち、現在ひ
きこもり者の平均期間は 14.7 ± 9.3 年であり、3 分の 2 近くが 10 年以上です。
年齢とひきこもり期間には相関関係を認めていません。ひきこもりのきっかけ
（複数回答）は、職場不適応が、現在ひきこもり者 12 人（34.3%）、過去ひきこ
もり者 10 人（66.7%）と最も多く見られました。

2)　現在ひきこもり者の生活状況、過去ひきこもり者の就労状況

　現在ひきこもり者の生活状況は、外出なし12人（34.3%）が最も多く、全体のおよそ3分の1を占めています。過去ひきこもり者の現在の就労状況は、福祉的就労が9人と最も多く、全体の6割を占めていました。

3)　同居者の有無および収入

　同居者の有無について、同居者ありが39人、なしが11人であり、同居者あり39人中37人（94.9%）が親との同居でした（図12③）。

　収入は、なしが23人（46.0%）、ありが27人（54.0%）であり、あり27人のうち22人は障害年金もしくは（かつ）福祉的就労工賃です（図12④）。なお、障害年金の診断名は、知的障害1名、高次脳機能障害1名以外は、アスペルガー症候群、広汎性発達障害などを含む「自閉スペクトラム症」でした。

4)　最終学歴、就労歴の有無と適応状況

　ひきこもり者の最終学歴は、専門学校・短大・大学・大学院卒業が50人中14人（28.0%）でした。就労歴不明の1名を除いた49人中39人（79.6%）に就労歴があり、この39人のうち就労期間は5年以上が22人と半数以上を占めていますが（図13①）、適応状況は、離職を繰り返すなどの不適応が28人と70%以上を占めています（図13②）。

5)　現在・過去ひきこもり者の精神症状

　対象者の精神症状について、①対人緊張の有無および「あり」の場合の程度（強い：家族以外の交流は困難、中程度：家族以外とは特定の相手と短時間程度の交流や相談は可能、弱い：消極的ではあるが必要最低限の社会的な交流可能）、②攻撃性（易怒・易刺激的、被害妄想等、家族に対する暴言、家庭内暴力、隣人への攻撃等）、③こだわり（強迫症状、不潔恐怖）について調べました（図14）。

　現在ひきこもり者の精神症状については、対人緊張が全例に認められました（強い10人、中程度14人、弱い11人）。また、易怒・易刺激的などの攻撃性も

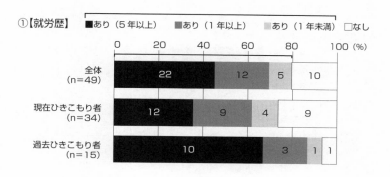

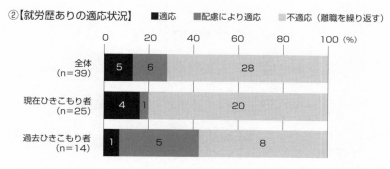

図13　中高年ひきこもり者の就労歴と適応状況（n=49、就労歴不明の1名を除く）

（山下ほか，2019をもとに作成）

延べ28人、強迫症状・不潔恐怖のこだわりも延べ34人に認められています。一方、過去ひきこもり者は、対人緊張が強い2人、中程度6人、弱い6人であり、攻撃性は1人、こだわりは、強迫症状6人のみでした。

6）　現在・過去ひきこもり者の支援の受け入れ

　現在ひきこもり者の支援の受け入れは、支援を拒否する14人（40.0%）、支援は最低限受け入れる12人（34.3%）、支援は受け入れる5人でした。過去ひきこもり者は、支援を拒否する1人、支援は最低限受け入れる9人、支援は受け入れる5人でした（図15）。

　現在ひきこもり者35人のうち、支援を拒否する14人の精神症状の内訳は、

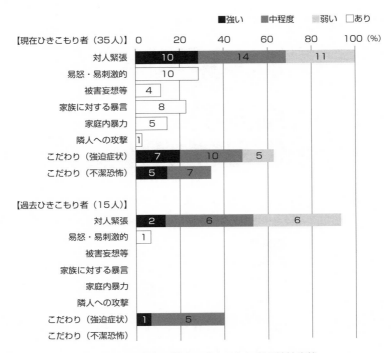

図14　現在・過去のひきこもり者の精神症状

（山下ほか，2019 をもとに作成）

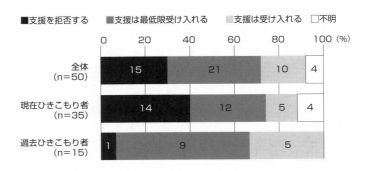

図15　現在・過去のひきこもり者の支援の受け入れ

（山下ほか，2019 をもとに作成）

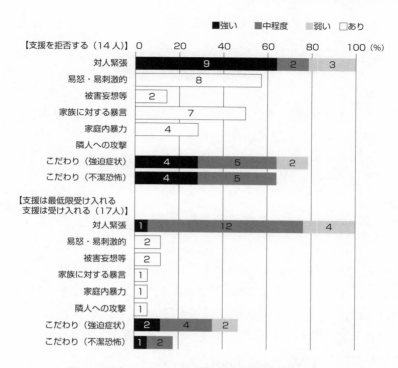

図16　現在ひきこもり者の支援拒否の有無別精神症状

（山下ほか，2019をもとに作成）

　対人緊張では、強い9人、中程度2人、弱い3人と強いが最も多く見られ、攻撃性は、易怒・易刺激的8人、家族に対する暴言7人など、こわだりは強迫症状11人、不潔恐怖9人に認められています（図16）。一方、支援は最低限受け入れる12人と支援は受け入れる5人を合わせた計17人の精神症状の内訳は、対人緊張では、強い1人、中程度12人、弱い4人と中程度が最も多く見られ、攻撃性は延べ7人、こだわりは強迫症状8人、不潔恐怖3人でした。

　《考察》

　近年、ひきこもりの長期化、高齢化が課題となっており、平成29年度（2017）にKHJ全国ひきこもり家族会連合会が家族544人、ひきこもり経験者85人を対象とした調査[9]において、40歳以上は、家族調査では28.8%（544

名人中 157 人）、本人調査では 31.7%（85 人中 27 人）を占め、高齢化傾向は明ら
かであると報告されています。

　鳥取県においても、平成 16 年度（2004）の 1 年間に、鳥取センターおよび県
内保健所に相談のあったひきこもり者 95 人を対象に調査を行った原田らの報
告 [10] では、相談者の平均年齢は、27.1 ± 6.8 歳であり、40 歳以上は 1 人
（1.0%）のみでした。また、2016（平成 28）年 4 月の 1 か月間に鳥取センターに
相談のあったひきこもり者 52 人を対象に調査を行った加藤らの報告 [11] では、
40 歳以上のものは 6 人（11.5%）と増加しています。

　今回（平成 30 年度）の調査では、男性が 50 人中 42 人（84.0%）と多くを占
めています。ひきこもり平均開始年齢は、30 代を中心に幅広い年代に広がっ
ていますが、6 割が 30 代以降です。ひきこもり期間も、およそ 6 割が 10 年以
上ですが、一方で、3 年未満のものも 7 人（14.0%）に認められています。年齢
とひきこもり期間の間には相関関係は認めず、中高年ひきこもり者のひきこも
り開始年齢は、6 割が 30 代以降ということから、中高年ひきこもり者であっ
ても、必ずしも長期のひきこもり者とは限らず、支援する場合、長期化と高齢
化を混在し同一の課題として扱うのではなく、個人の経過を丁寧にアセスメン
トしていくことが重要とされます。

　現在ひきこもり者 35 人の生活状況は、およそ 3 分の 1 が外出をしていない
状況にある一方で、問題なく外出できるものも認められています。40 歳以上の
ひきこもり者のほうがひきこもりの程度が必ずしも強いとはいえず、原田ら [10]
は、**ひきこもりは長期化すると、人間関係のつながりはより希薄になってくるが、**
行動範囲はある程度保たれると報告しています。ひきこもり当初は、中退・退
職によって行き場所がなくなるだけではなく、日常の人間関係がなくなってき
ますが、その後、コンビニや書店など、日常、あまり会話を必要としない場所
には行けるようになり、行動範囲は表面的には広がりを見せてきます。

　過去ひきこもり者の就労状況は、6 割が福祉的就労であることから、ひきこ
もり者の支援においては、本人や家族の意向などに配慮しながら、就労移行支
援事業、就労継続支援事業などの福祉サービスの利用が選択肢の中心になるこ

とが考えられます。最終学歴は、専門学校・短大・大学・大学院の卒業者が、50人中14人（28.0%）であり、原田らの調査[10]では、95人（うち、40歳以上が1人のみ）の最終学歴が、専門学校・大学卒業が12人（12.7%）であったのに比べると高い傾向にありました。

　就労歴は、49人中39人（79.6%）に認められています。原田ら[10]、加藤ら[11]の報告と比較すると、就労歴のある者の比率が高くあります。しかしながら、就労歴のある者のおよそ7割が不適応状態にあったとされています。この背景には、職場側の過重労働やパワーハラスメントなどの課題も考えられる一方、本人のもともとの対人緊張・不安などが十分に理解されないことが誘因となっていることも考えられ、ひきこもり者の背景には、加藤らの報告[11]にもあるように発達障害を有する者も少なくなく、障害が十分に理解されない状況では、より不適応反応が生じてくることも考えらます。

　全国の小中学校での不登校の割合は、1996（平成8）年から1998（平成10）年に顕著に増加しており、40歳以上の世代は、社会的には不登校数が増加する前の世代である一方で、バブル経済崩壊後の採用抑制の時期に新卒採用の機会を逸し、就職氷河期に安定した職に就けず、その後も職業能力形成機会に恵まれなかった世代でもあります。ひきこもりに至る状況は、それぞれによって誘因はさまざまですが、その時代背景から、**40歳以上は、「職場社会で傷ついた世代」でもあり、その次の30代は、不登校が顕著に増加する「学校社会で傷ついた世代」が加わってくると考えられます。**

　ひきこもり者の大半が親との同居であり、半数近くは収入がなく、収入のある者も、障害年金、作業工賃が大半であり、親亡きあとの経済的な支援は重要な課題となります。また、加藤ら[11]によれば、ひきこもり状態にある者の9割以上が何らかの精神症状を抱えており、特に多く見られた症状が、「不潔恐怖・こだわり」「極度の対人恐怖」「易刺激的・イライラ」です。これらの症状は、家族内において本人や家族の気力を消耗させ、家族関係を悪化させる傾向があり、社会参加や他者との交流をより困難にさせます。ひきこもり支援については、これらの症状の軽減を図ること、社会参加の際にも配慮を行うことが

重要であるとしています。今回の調査においても、これらの症状が認められましたが、特に現在ひきこもり者において、その傾向が高く、ひきこもりの回復には、これらの精神症状の理解、軽減が図られることが重要であると考えられます。

　ひきこもりの支援において、困難となるものの一つが、本人が支援を受けることに対して強い拒否感を抱いている場合です。その背景には、対人不安・対人緊張が高く、支援を受けることそのものに強い不安を感じていることや、強い対人不信があると、支援そのものに対しても強い不信を抱くことが考えられます。現在ひきこもり者35人中14人が支援を拒否しており、大きな課題となっています。また、支援を拒否している群は、精神症状として強度の対人緊張が14人中9人（64%）に認められており、支援を受け入れる群と比較すると、精神症状の攻撃性やこだわりなどの出現する割合も高いことから、支援は慎重に行うことが必要となります。

　ひきこもりの回復に関しては、これらの精神症状の安定が重要と考えられ、診断を含む適切な精神症状の把握を行うとともに、これらの症状の安定のための生活支援、環境調整、面接相談、薬物療法をはじめとした精神科治療など、個々の状況に応じた支援が必要となります。

　このように、鳥取センターにおいて相談受理した40歳以上の年齢でひきこもりの既往がある50人を対象に、「現在ひきこもり者」と「過去ひきこもり者」に分けて行われた調査から、中高年のひきこもり者について、次のような傾向があると考えられました。

1.　性別は男性が多く、ひきこもりの開始年齢は6割が30歳以上であり、ひきこもり期間は、6割以上が10年以上であるが、年齢とひきこもり期間には相関関係を認めない。

2.　ひきこもりのきっかけは、職場不適応が最も多かった。

3.　現在ひきこもり者の3分の1は、ほとんど外出をしていない。過去ひきこもり者の6割は、現在、福祉的就労を行っており、ひきこもり

の回復において福祉サービスの利用は一つの選択肢となっている。

4. 同居している者の 9 割以上が親との同居であり、収入がある者はおよそ半数であるが、障害年金や工賃が大半である。親亡きあとの生活支援、経済支援は重要である。

5. 40 歳未満が大半を占める過去の調査を比べると、最終学歴は高い傾向にあり、就労歴がある者も多い。しかし、うち 7 割が離職を繰り返すなどの不適応を認めていた。

6. 対人緊張、攻撃性、こだわりなどの精神症状が認められ、特に現在ひきこもり者に多く認められた。また、現在ひきこもり者の 4 割は支援を拒否していた。支援を拒否している者のほうに、精神症状が多く認められた。支援拒否の改善や精神症状の安定が、ひきこもりの回復に重要と考えられ、生活支援、環境調整、面接相談、薬物療法など個々の状況に応じた支援が求められる。

2　8050 問題の課題──地域包括支援センターへの調査から

　保健所や精神保健福祉センターでは、ひきこもり者の精神保健相談が増加し、かつ、その内容がより複雑困難化しています。近年、介護・医療・保健・福祉などの側面から高齢者を支える総合相談窓口である「地域包括支援センター」や介護支援機関などが相談もしくは介護サービスを行っている家族の中に、中高年齢層のひきこもり者が同居している事例が散見されてきており、今後の重要な課題となっています。全国精神保健福祉センター長会では、平成 30 年度（2018）の地域保健総合推進事業において、全国の地域包括支援センターを対象に、中高年ひきこもり者に関する調査を行っています[12]。

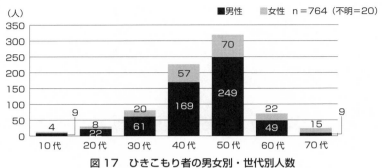

図17　ひきこもり者の男女別・世代別人数

（辻本・原田，2019 をもとに作成）

《調査内容》

　全国 15 か所（群馬県、長野県、東京都、横浜市、相模原市、新潟市、浜松市、滋賀県、鳥取県、島根県、岡山市、愛媛県、高知県、福岡市、北九州市）の精神保健福祉センターの管内にある地域包括支援センター（各管内全域もしくは一部）617 か所を対象に、アンケート調査を実施しました。調査内容は、相談もしくは介護サービスを行っている高齢者世帯における、同居するひきこもり者の有無、現状および課題です。調査は、メールもしくは郵送にて調査票を配布し、回収数は 410 か所（うち、直営 140 か所、基幹型 56 か所、機能強化型 20 か所）、有効回収率は 66.5% でした。

《結果》

1）ひきこもり者の現状

　平成 29 年度（2017）内に相談もしくは介護サービスを実施した家族の中に、ひきこもり者がいたと回答した地域包括支援センターは 247 か所（60.2%）でした。これらのひきこもり者の合計は、784 人（男 568 人、女 196 人、不明 20 人）であり、年代別には、50 代が 319 人（40.7%）、40 代が 226 人（28.8%）と多く見られています（図 17）。

　この中で、状況の把握できる 391 人のうち、「相談・支援を受けている」143 人（36.6%）、「過去に受けたが今は受けていない」70 人（17.9%）、「相談・支援は受けていない」165 人（42.2%）であり、約 6 割が、現在、相談・支援を受けていない状況にありました（図 18 ①）。

n=391（人）

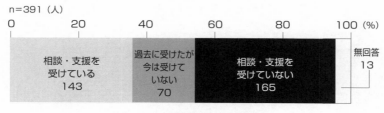

①【ひきこもり者の相談支援の状況】

n=730（人）

②【ひきこもり者の介護サービス介入に対する立場】

図 18　ひきこもり者のいる家族の状況

（辻本・原田，2019 をもとに作成）

　ひきこもり者が同居する家族には、高齢者支援とひきこもり者支援と二つの支援が入ることとなり、それぞれの支援を行う機関同士が、より一層の連携をしていくことが求められます。この場合、連携をとる機関は、ひきこもり者の状況によって異なります。

・精神科医療機関

　精神疾患や発達障害などが疑われる事例、病的体験や暴力などの問題行動のある事例に対しては、精神科医療機関と連携し入院も含めて治療に至った事例もあります。しかし、受診の必要性の判断に悩む事例や必要性が感じられても受診困難な事例も少なくありません。

・行政機関

　それぞれの自治体のひきこもり支援担当（ひきこもり地域支援センターを含む）や障害福祉課などとの連携をとって支援を行っているものもあります。

・障害者相談支援機関

　日常生活の支援に関しては、障害者総合支援法の制度を利用し、ヘルパーの

派遣などを利用している場合もあります。

・経済問題など

　障害年金や生活保護の利用などが行われています。

・その他

　社会福祉協議会（コミュニティソーシャルワーカー）、生活困窮者支援制度やパーソナルサポートセンターなど多くの機関や制度の利用、連携が行われています。

　一方で、地域包括支援センター自身が引き続き関係機関と連携を持ちながら、ひきこもり者に対して支援を行っている事例も認められ、今後は地域包括支援センターを対象とした研修も求められます。

2)　ひきこもり者の介護サービスの介入に対する立場

　ひきこもり者の家族の介護サービスへの介入に対しては、この項目に対して回答のあった730人中、「協力的である」132人（18.1%）、「無関心である」252人（34.5%）、「不都合が生じている」177人（24.2%）、「その他・何とも言えない」169人（23.2%）でした（図18②）。

　不都合が生じている内容としては、

・ひきこもり者と会えない（ひきこもり者自身の対人恐怖などによる）。

・家に入れない。

・（介護認定）調査ができない。

・介護サービスの利用を拒否する。

など内容はさまざまです。高齢者自身も、ひきこもり者本人の様子を気にして介護サービスの利用に積極的でない場合もあります。また、ひきこもり者自身に収入がないため自身の生活を高齢者の年金に依存し、費用のかかる介護サービス利用に拒否的であるという経済的問題や、高齢者に対する暴力行為など高齢者虐待として対応が求められる事例も見られました。

3)　地域包括支援センターの相談におけるひきこもり者のいる家族への相談・支援

　今後、ひきこもり者がいる家族への相談・支援件数について、410か所中、

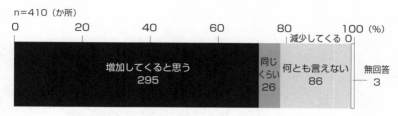

①【ひきこもり者がいる家族への相談・支援件数】

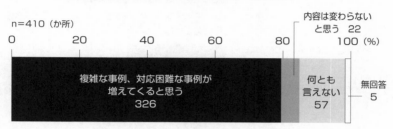

②【今後、ひきこもり者がいる家族のひきこもり者に関する内容について】

図 19　今後、ひきこもり者の相談・支援件数、内容

(辻本・原田, 2019 をもとに作成)

「増加してくると思う」295 か所（72.0%）、「同じくらい」26 か所（6.3%）、「減少してくる」0 か所と、およそ 4 分の 3 の事業所が、相談・支援が増えてくると回答しています（図 19 ①）。その理由として、多くは、「今後、両親が高齢になって経済面あるいは生活面でひきこもり者への対応ができなくなる」としており、できる限り早く支援につなげることが重要であり、そのためにも、地域における相談・支援体制の充実や、住民への普及啓発が必要とされます。

　また、今後、ひきこもり者がいる家族のひきこもり者に関する内容について、「複雑な事例、対応困難な事例が増えてくると思う」326 か所（79.5%）、「内容は変わらないと思う」22 か所（5.4%）、「何とも言えない」57 か所（13.9%）、無回答 5 か所であり、ひきこもり者への必要とされる支援の内容が、より多様化し、複雑化してくると思われます（図 19 ②）。

　特に、今後考えられるひきこもり者の問題について、可能性が高いと感じるものとして、最も多かったものが、「経済的問題、将来の不安がある」「家族亡

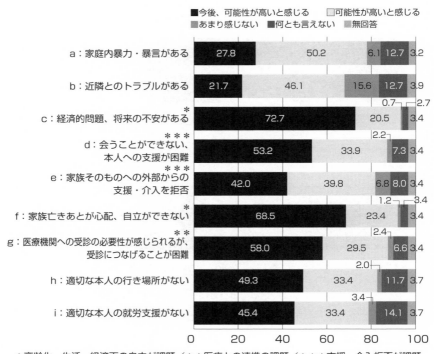

■今後、可能性が高いと感じる　□可能性が高いと感じる
▨あまり感じない　■何とも言えない　▨無回答

a：家庭内暴力・暴言がある　27.8　50.2　6.1　12.7　3.2

b：近隣とのトラブルがある　21.7　46.1　15.6　12.7　3.9

c：経済的問題、将来の不安がある *　72.7　20.5　0.7　2.7　3.4

d：会うことができない、本人への支援が困難 ＊＊＊　53.2　33.9　2.2　7.3　3.4

e：家族そのものへの外部からの支援・介入を拒否 ＊＊＊　42.0　39.8　6.8　8.0　3.4

f：家族亡きあとが心配、自立ができない ＊　68.5　23.4　1.2　3.4　3.4

g：医療機関への受診の必要性が感じられるが、受診につなげることが困難 ＊＊　58.0　29.5　2.4　6.6　3.4

h：適切な本人の行き場所がない　49.3　33.4　2.0　11.7　3.7

i：適切な本人の就労支援がない　45.4　33.4　3.4　14.1　3.7

0　20　40　60　80　100

＊高齢化・生活・経済面の自立が課題／＊＊医療との連携の課題／＊＊＊支援・介入拒否が課題

図20　今後、考えられる、ひきこもり者がいる家族のひきこもり者の課題

（辻本・原田，2019をもとに作成）

きあとが心配、自立ができない」であり、およそ7割が回答しており、経済面および生活面での自立が大きな課題とされています（図20）。また、半数以上が、「医療機関への受診の必要性が感じられるが、受診につなげることが困難」「会うことができない、本人への支援が困難」と支援の困難さを感じており、医療機関などとの連携を深めるとともに、発達障害など障害・疾病に対する適切な理解や、支援・介入を拒否する事例への対応などについても、研修を深めていくことが重要とされます。

　この地域包括支援センターを対象としたひきこもり者の状況についての調査では、ひきこもり者の、「高齢化（家族への介護サービスとひきこもり者支援の連

表4　今後のひきこもり者支援の課題：四つのキーワード

1　高齢化

高齢化した家族への介護サービスと、ひきこもり者支援の連携。
親亡きあと、自立に向けての生活面および経済面での支援。

2　長期化

支援の長期化への対応。支援の「ゴール」が不明瞭。
（必ずしも長期化＝高齢化ではなく、30代からのひきこもりも少なくない）

3　発達障害、精神症状の存在

発達障害や精神症状（著しい対人恐怖、易刺激、強迫症状など）を有するひきこもり者への支援のあり方。
診断、医療との連携（医療が必要であっても医療だけでは解決しない）。

4　支援拒否

本人自身の支援拒否、会うことができない。
親の介護サービスへの拒否、無関心。

携、親亡きあとの支援）」「（支援の）長期化」「発達障害、精神症状の存在」「支援拒否」の四つの課題があげられ、今後のひきこもりへの理解・支援、連携のあり方への検討、研修会などによる理解、技術の向上が重要と考えられています（表4）。

3　8050問題への関わりと支援

1)　高齢者支援機関の抱える悩み

　80代の母と50代の息子の二人暮らし。息子は、30歳頃から退職をきっかけにひきこもり、最近では、ほとんど外出することもなく、日常生活の多くを母に依存し、家族の収入も母の年金に頼っています。いわゆる、8050問題の家庭です。2年ほど前から、母には認知症状が出現し、日常生活が十分にできなくなってきています。民生委員から相談を受けた地域包括支援センターの職員が自宅に出向いたところ、初めて50代の息子がいることがわかりました。母の認知症状は進行してきており、県外に住む娘たちの希望により施設入所の話が進んでいますが、一人暮らしとなる息子への支援をどうするのかが課題となっています。まずは就労支援をしたいところですが、急に就労は難しいので、

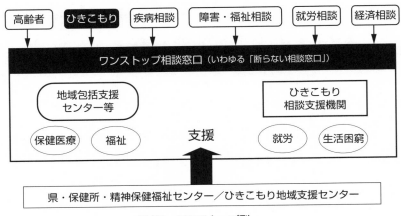

図21　ワンストップ型

病院を受診して診断がつけば、就労移行支援事業所などの福祉サービスの利用も考慮したいところです。日常生活においてはホームヘルパーの利用も考え、経済支援に関しては就労が安定するまでは生活保護の申請を検討することにしました。こうして、ひきこもり者の生活を地域の中で支援していくことができます。

　——と、考えたいところですが、これはあくまでも教科書的な考え方で、支援者が思い描いた姿です。このような経過で支援がスムーズに進む場合もありますが、現場では、思うように支援が進まないのが現実です。8050問題のどこに課題があるのかを考えていきたいと思います。

　これまで、ひきこもり者に関する相談は、本人や家族からくることが大半でしたが、近年は、**別居しているきょうだいや、親の支援に入った地域包括支援センターをはじめとする介護支援機関、地域の民生委員などから相談が入ることも増えてきています**。地域包括支援センターなどが、ひきこもり者に関わっていく中で、課題となることが三つあります[13]。

　①市区町村の中で、ひきこもり相談の窓口が明確になっていないところが多

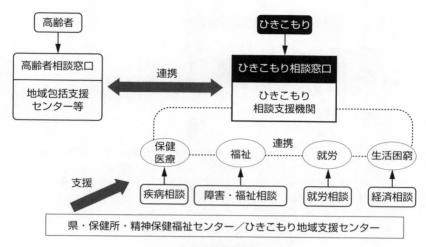

図 22　地域連携強化型

い。

②ひきこもり支援機関との連携がうまくできない。

③ひきこもり者と会えない、支援が受け入れられない。

「ひきこもり」は病名ではなく状態であり、それぞれが抱える問題が異なっているため、①、②のような課題が出てくると考えられます。これに対して、今後、一元的にひきこもりの相談を受けることができる重層的支援体制整備事業などをはじめとした多機関協働型の窓口の開設などが求められています。これら多機関協働型の窓口として、市町村（あるいは社会福祉協議会など）において、一つの窓口がひきこもりをはじめ高齢者や障害者の相談を一元化して受けて、所内のさまざまな複数の部署と連携していくことができる「ワンストップ型」（図 21）が望まれます。しかし、都市部（制度によって圏域が異なるなど）や地域包括支援センターが委託の場合は、ワンストップ型の窓口を作ることは難しく、その場合は、互いの機関が日常から連携をとり合っている「地域連携強化型」（図 22）の窓口などが必要であると考えられます。また、**ワンストップ型でも、ひきこもりの相談を受けたものの機関内のどの部署が受けてよいのかわからないという課題もあり、機関同士のたらい回しは一見なくなるかのように**

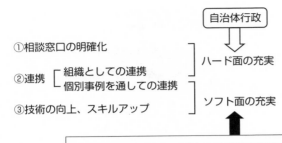

①相談窓口の明確化

②連携　┌ 組織としての連携
　　　　└ 個別事例を通しての連携

③技術の向上、スキルアップ

自治体行政

ハード面の充実

ソフト面の充実

※特に、ひきこもり（成人の発達障害事例を含む）は、既存の医療福祉のサービスでは十分に対応できず、支援拒否も少なくなく、困難事例が多い。技術の向上、スキルアップに向けての研修・事例検討等は不可欠。

図23　地域包括支援センターからの課題

見えても、実は、機関内の部署の間でたらい回しになるということがないように、ひきこもりの相談を適切に受けることのできる担当部署の設置や機関内での研修なども必要となってきます。

　一方で、現実に支援に入ろうと思っても、③が大きな課題となってきます。病院受診を促しても頑なに拒否される。日常の支援は一切受け入れない。それ以前に、ひきこもり者本人に会えない。どのように関わってよいのかわからないというのが、支援者側の大きな悩みです。この「拒否」「会えない」をどのように理解していくかが課題となります。

　なお、この三つの課題のうち、①ひきこもり相談の窓口が不明確、②ひきこもり支援機関との連携がうまくできない（組織間での連携）は、各自治体行政の役割として、ハード面の充実が求められますが、②ひきこもり支援機関との連携がうまくできない（個別事例での連携）、③ひきこもり者と会えない、支援が受け入れられない、という課題に関しては、ソフト面の充実として、各相談機関の技術向上、スキルアップ、研修会の開催、日常からの関係機関スタッフ同士のつながりなどが必要とされます（図23）。

2)　長期ひきこもり者の特徴と二つの支援

　8050 問題では、中高年ひきこもり者への支援が大きな課題となってきます。ひきこもり状態に至る経過には、大きく二つの流れがあります。一つは、中学・高等学校時代に不登校となり、そのまま長期にひきこもり状態が続いているものです。もう一つは、高等学校や大学を卒業し就職したものの、職場での人間関係などにストレスを生じ、何度か退職を繰り返し、30 歳頃から、ひきこもりが始まっていくものです。40 歳以上を対象としたひきこもり者の調査では後者の場合が多く、退職がひきこもりのきっかけとなっています。そして、職場での不適応を繰り返す中で、厳しいイジメやパワーハラスメントを体験し、結果的に、強い対人恐怖・集団恐怖を残しているものも少なくありません。

　このため、**長期ひきこもり者の中には、社会から孤立して不安を抱いているのではなく、逆に、社会から距離をあけることによって、自分のエリア（領域）を守り、自身の安心・安全を保ちながら、日常生活を送っている場合もあります。**このエリアには、物理的エリアと心理的エリアがあります。物理的エリアとは、自分の「家」や「部屋」であり、心理的エリアとは、「他者との心的距離」などです。この場合、ひきこもり者は不用意に自分のエリアに侵入してこようとする第三者に対して、強い恐怖を感じ激しい拒絶を示すことがあります。

　中高年ひきこもり者の課題として、親亡きあとがありますが、その前にやってくるのが親の高齢化に伴う介護支援です。長期ひきこもり者の多くは、日常生活の大半に対して親から支援を受けていますが、周囲からは本人への介入が難しいことがあり、その場合、支援者は当面、家族相談というかたちをとります（図 24）。

　しかし、親が体の病気あるいは認知症になると、今までのような親から本人への支援が十分にできなくなるとともに、親自身にも介護支援が必要となってきます。一つの「家」の中に、**高齢者（親）への介護支援と同居するひきこもり者本人への支援という、二つの支援が必要となり、これらの支援をする機関同士の連携が重要となってきます**（図 25）。

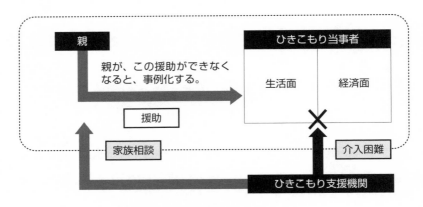

当事者への介入が困難な場合は少なくなく、
その場合は、家族相談が中心に行われる。

図24　8050問題が事例化するまで

　親の介護支援が始まると、「家」にヘルパーが来たり、デイサービスの送迎
が来たりするなどの介護サービスが始まります。これに対する、同居している
ひきこもり者の反応は、親の介護支援に、協力的、無関心、不都合が生じてい
る（拒否・会えない・攻撃的など）などさまざまです。このうち、無関心や不都
合が生じているものの多くの場合は、本人が強い対人恐怖を抱いています。ひ
きこもる直前の本人のまわりには、「自分を厳しく叱責する」「おまえはだめな
やつだと言う」「非常に恐ろしい」、そのような人たちであふれていました。そ
のため、今までは親と自分だけだった「家（自分のエリア）」の中に、見知らぬ
人が親の介護支援のために入ってきたときに、強い恐怖感を覚えます。
　この恐怖感が理解できていないと、ときとして、親の介護に入ってきた支援
者が、本人に「親も介護が必要な状況になったのだから、あなたも頑張らない
といけない」というアプローチを急いでしてしまうことがあります。しかし、
本人にすれば、親の介護支援で見知らぬ人が家の中に入ってくる（物理的エリ
アへの侵入）だけでも強い恐怖を感じるうえに、その見知らぬ人から、いきな
り「あなたもそろそろ仕事をしたほうがいい」「このままではいけない」と言
われる（心理的エリアへの侵入）という二つの恐怖感に襲われることとなりま

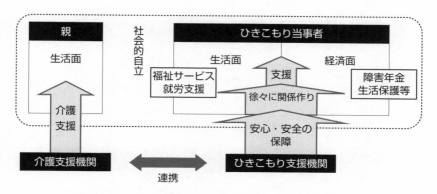

一つの家庭に、介護支援とひきこもり支援の二つの支援が入る。
機関同士の連携も重要となる。

図 25　8050 問題での支援

す。本人は混乱し、ときに、自分自身を守るために、拒絶、攻撃的になること
もあります。

3)　長期ひきこもり者の拒絶

　このように、長期ひきこもり者は、強い対人恐怖を抱いていることが多く、
これに加えて、強いこだわり・強迫症状や易刺激性・攻撃性・対人不信・被害
念慮などを抱いている人も見られます。また、これらの症状を有する人の中に
は、自閉スペクトラム症をはじめとした発達障害を有する人（未診断、その傾
向を含む）も少なくありません。過去に自閉スペクトラム症の診断を受けたが、
今はどこの医療機関にもかかっていないという人もいます。もっとも、発達障
害の可能性があっても、急いで医療機関への受診を勧める必要はありません。
発達障害だからといって、今さら、療育を促すこともなければ、積極的に投薬
治療をするようなことは現場ではありえません。ここで重要なことは、支援者
の側（強いて言えば、社会全体）が、発達障害を有する人は、どのような特性
を持ち、どのような生活のしづらさを感じ、そしてこれまでの生活の中でどの
ような二次障害を受けてきたかを少しでも理解しておくことです。そうしない

と、良かれと思って行った助言や支援の提供が、ひきこもり者にとっては苦痛であり恐怖を感じるものであることが少なくなく、それが拒否につながることがあるからです。

　このように、本人が強い対人恐怖、ときに拒絶、攻撃性を持っている場合には、当初は本人への積極的な介入は避けて、まずは親への支援が行われても本人の生活は脅かされないことを保障していきます。たとえば、親に対してどのような介護支援が行われるのか、きちんと（できれば、親を通じて）説明をするようにします。自分の知らないところで物事が進んでいるということは、とても不安なことです。親への介護支援が始まっても、「本人への負荷はない」「第三者が自宅に入るときは、事前にその時間帯を知らせる」などを伝えます。そうすると、ひきこもり者の中には、介護支援が入るとき準備をして待っててくれている人もいますが、多くの人は極力顔を合わせたくないので、その時間帯はずっと自室にこもっています。

　こうして、一つの「家」の中に、親への介護支援と本人へのひきこもり支援と二つの支援が入るのですが、介護支援とひきこもり支援とではスピード感が異なります。高齢者介護をする側は、親自身の希望もあり一日でも早く支援に入りたいと思うのですが、ひきこもり支援は、ときに拒否・中断を繰り返しながら、月単位、年単位と長期にわたって行われます。両方の支援が必要とされる場合でも、本人への介入は急がず、**親への介護支援がスムーズに開始されること**を優先します。親の介護支援が安定してできるようになれば、本人にも安定感が生まれていきます。

4）　親の思いときょうだいの思い

　中高年のひきこもり者の相談は、本人や親だけではなく、同居していないきょうだいからの相談として受けることも少なくありません。しかし、きょうだい（特に、日常の場面で交流の少ないところに住んでいる場合）のほうは、なかなか実際に家庭の中がどうなっているのか、十分に把握できていないこともあります。また、親としての立場ときょうだいとしての立場では、どちらも何と

怒り	きょうだいの思い（例）	心配	親の思い（例）
	・今すぐにでも、何とかしてほしい。 ・働かないケシカラン存在。 ・親が心配、親に迷惑をかけてほしくない、そのために自立してほしい。 ・親が同居していなければ（当事者とは）関係を持つ気はない。 ・「親が甘やかしすぎ」と不満も。		・何とかなってほしいが、それは難しいと思う。 ・自分（親）にも責任がある。 ・親だから仕方ない。 ・他の人には迷惑かけたくない。 ・自分たちが我慢すれば……。 ・かわいそう。

親は、当事者ときょうだいの間に挟まって葛藤していることも。

この図は、ある家族の一例です。それぞれの家庭によって状況はさまざまですが、親と（別居している）きょうだいでは、当事者への思いが異なることも少なくありません。

図26　親ときょうだいの思いの違い

かしたいという気持ちはあるのですが、考え方も異なってきます（図26）。

　支援者は、本人・親に加えきょうだいと、異なる3者に挟まれることになります。親あるいはきょうだいのいずれか一方が、訴えの内容に対する解決にスピード感を求めてこられると、そのペースに巻き込まれてしまうこともあります。本人ではなく、周囲がしてほしい支援をしてしまう可能性もあります。しかし、本人が望んでいない支援は、本人には受け入れらないので結局は行き詰ってしまうことになります。本人、親、きょうだい、それぞれが何とかしたいという思いは共通ですが、その違いを十分に理解したうえで支援をしていくことが重要となってきます。

5)　8050問題におけるひきこもり者への支援

　ひきこもり者に対する支援の内容として、生活面と経済面があります。**支援は、情報は提供するが、決定は本人に任せるというのが原則です。**ところで、支援者は、簡単に「支援の提供」をしますが、ひきこもり者の多くは、ひきこもりに至るまでは、自分の力で精一杯頑張って生活してきた人が多く、「支援」

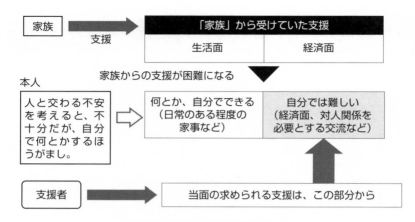

図 27　「支援の拒否」への関わり

を受けた経験がない人が大半です。いざ、支援を勧められてもイメージがつかめず、「まさか、自分が支援を受ける側にまわるとは……」と戸惑いを感じる人もいます。支援を受けることによって、世の中から差別を受けるのではと思い、すぐに支援を受けることに納得ができなかったと言われた人もいます。まずは、支援を受けることへの不安を理解することが重要です。

　8050 問題において、ひきこもり者の多くは、自立できていたのではなく、同居する家族（大半は親）からの生活面および経済面での支援を受けることによって、生活を成り立たせていました。では、親の支援がなくなった場合、親が行っていた支援の大半に対して周囲からの支援が必要かというと、けっしてそうではありません。親が不在になったとき、多くのひきこもり者は、それまで親がやってくれていたことの多くを自分で頑張ってやろうとします（図 27）。

　たとえば、それまで親に食事などの家事をしてもらっていたひきこもり者に対して、ホームヘルパーを派遣して食事や掃除の支援しようと思っても、拒否されることがあります。ひきこもり者の多くは対人緊張が強く、また自分の家の中に第三者が入ってこられることを嫌います。その苦痛を考えたら、家族が作ってくれていたような食事は作れなくても、自分で何とかして食事を作ったり、少し我慢して人の少ない時間帯にスーパーやコンビニに食料品を買いに

行ったりしたほうがまだましだと思う人もいます。中には、自分一人で十分な家事ができず、ヘルパーの援助に入ってもらっている人もいますが、2、3回入ってもらったものの緊張感からヘルパー派遣を断られた人もいます。

　本人と話ができるようになれば、本人への支援は、本人自身が困っている、支援が欲しいと訴えた部分から始めますが、経験的には多くの場合、一人暮らしになって自分だけの力ではどうにもならない部分から、まず支援の提供を考えることになります。その一つが、収入がないことに対しての経済支援です。もう一つは、ほとんど外出ができない場合は、食料品や生活用品の買い物ができない（多くは対人恐怖があり出られないのですが、地域事情により交通手段がないため買い物に行けない場合もあります）というものです。この2点の支援を最初に提案しますが、それ以外は状況を見ながら、本人が望んでいなければ最初からは積極的にこちらからは勧めません。支援の目標は、必ずしも就労ではありませんが、日常生活が安定してくると本人のほうから、就労したいという気持ちが出てくることも少なくありません。その場合には、就労支援の話題なども提供していくことになります。

　なお、就労支援に関しては、一般就労が難しい場合に、多くの人が利用されているのは精神障害者としての福祉サービスです。この場合、精神障害者保健福祉手帳の取得などが必要となりますが、そのための病院受診ができない、あるいは自分が「精神障害者」と認定されることが受け入れられないということで、すぐにはサービスの利用に至らないこともあります。

　経済面への支援として、就労などによる収入が期待できなければ、生活困窮制度の利用や、生活保護の申請、障害年金の受給を検討します。ただし、障害年金の受給申請に関しては、いくつかの受給要件が満たされている必要があり、自閉スペクトラム症などの診断も必要となります。障害者として扱われることへの拒否がある人、本人がプライド的に申請したくないという人もいます。同様に、経済的な問題が厳しいのにもかかわらず、プライドがあって生活保護を受けることを拒否する人もいます。一見、これらは金銭的な支援だけのように見えますが、実際には、障害年金の申請を通じて医療機関や各自治体職員との

つながりが始まったり、生活保護を受給することにより生活保護の担当のワーカーとの関係が生まれ、そこから生活全般への相談、支援へと広がっていったりすることが期待されます。

　支援に関する情報提供はしますが、あくまでも本人が希望をするということが前提です。本人へのアプローチとして重要なことは、**本人を変化させるための働きかけではなく、本人の生活にメリットがありそうなことを考えて提案すること**です。「そろそろ働いてみない?」という何気ない言葉の中には、「あなたは今のままではいけない」「あなたは変わりなさい」というメッセージが含まれます。働くということを、「あなたはもっと人と接しなさい」というメッセージとしてとらえられることもあり、それは対人恐怖の強い本人からすると、ものすごくつらいことを求められているように感じられます。

　一方で、親の介護支援への介入を通して、ひきこもり者が、この介護支援者は安全だということが保障がされると、そこから少しずつ新しい関係が生まれてくることがあります。様子を見ながら、介護支援者がひきこもり者に声かけをすることもありますが、それは、「お母さんをよろしくね」とか「大変だけど、何かあったら教えてね」というような会話を通して、本人自身の変化を求めることはせず、少しだけ無理のない範囲で親の介護支援への手伝いを頼んだりしてみます。安心できる関係ができると、徐々に本人の了解を得て、ひきこもり支援者も親への介護支援者と一緒に訪問をすることができたり、ひきこもり者本人のほうからも自分の不安や困ったこと(まわりがしてほしいことではなく)を相談してくることは、珍しいことではありません。

　このように、**8050問題では、ひきこもりの長期化・高齢化が難しいのではなくて、ひきこもっている人が何らかの支援を受けることを拒否しているということが難しい**のです。支援拒否の背景には、ひきこもりに至るまでの生活体験などから生まれた、対人関係における強い恐怖感、対人不信などが存在していることがあります。背景にある、二次障害や発達障害の特性が関与していることもあります。このように本人の状態を理解するとともに、親の介護支援への

介入やさまざまな機会を通して、支援者が安心できる人と感じられるように
なってくると、少しずつ新しい関係が生まれてきます。今後、8050問題をは
じめとしたひきこもりの課題は、ひきこもり者を理解し、地域の中でどのよう
に生活支援（あるいは、望まない支援はしないということも含めて）をしていく
のかを、ひきこもり者と一緒に考えていける関係作りが重要になってくると考
えられます。

6）　8050問題を抱えた家族事例

　次に、家族と同居していたひきこもり者が、家族からの支援が困難な状況に
なり新たな支援が必要とされた事例を紹介します。

【事例19】

　40代、男性。中学校の不登校から約30年のひきこもりが続いている。同居
する祖母が施設入所することとなり、今後の対応について近所に住む叔母から
市に相談があった事例。

● **家族構成**　本人、祖母。近所に叔母夫婦が住んでいる。

● **生活歴**　幼少期からおとなしくて口数は少なく、人との交わりも少なかった。
小学生のときに両親は離婚し、その後、家庭の事情で祖母に引き取られ、本人、
兄、祖母の3人の生活となった。中学2年から不登校となり、以降まったく外
出しなくなり、このころから緘黙となり家族ともまったく会話をしなくなった。
その後、兄は県外に就職し祖母との二人暮らしである。

　本人が40歳のころ、祖母は脳梗塞を発症し、その後遺症から自宅での生活
が難しくなり、近いうちに施設に入所することとなった。それまで買い物は祖
母が行うが、買い物以外の身のまわりのことは祖母に手伝ってもらいながら何
とか自分でできており、規則正しい生活を送っていた。しかし、本人は一切外
出ができず、発語もまったくない状態であり、今後の一人暮らしの生活を心配
した叔母から相談を受けた市の保健師が訪問を行い、市から鳥取センターへの
相談となった。

● **相談後の経過**　叔母との関係は安定しているとのことで、叔母、市保健師と同伴訪問し、面接を行った。面接に対する拒否はないが、緊張感は高く、発語は一切なく軽くうなずくなどの反応を見せるのみであるが、簡単な質問は概ね理解ができていると思われる。生育歴や状態像から発達障害の一つである自閉スペクトラム症が考えられた。

　同居していた祖母は、これまで穏やかに本人に接し家事も一緒にしてきたことで、本人は最低限の家庭内のことはできるようになっていた。市の担当者が叔母と一緒に本人と面接をし、本人の了解を得たうえで定期的な市保健師などの訪問を開始した。訪問時は、本人の自発的な訴えはまったくなく、こちらからの質問にうなずく程度だが提案は聞くことができる。将来的に近くの就労継続支援事業所に通えることを目的に同事業所に相談し、自宅でできる作業を経験させてもらうこととした。手先は器用で作業も丁寧だったが、就労継続支援事業所に通所することはできなかったため、内職のような形態で作業を継続した。

　簡単な身のまわりのことはできるが、外出がまったくできないため買い物ができない。そのため、当初は叔母が食料品や生活用品を購入していた。これに対しヘルパー利用を提案したところ、自宅にヘルパーが入ることは拒否したが、買い物の援助には同意したため、必要な品物は電子メールを通じてヘルパーに依頼するようになった。経済的には、本人の同意を得て障害年金を申請し、受給に至っている。最低限の家事は自分でできていたことから、外出ができないために困難であった買い物支援と障害年金の申請のみの支援にとどめた。その後の生活支援や健康などに関する相談は、市保健師などが中心となり定期的な訪問を行っている。

【事例 20】

　50代、女性。10年間ひきこもりの状態が続き母と二人暮らしであったが、認知症が進行してきた母への暴力が出現し、地域包括支援センターの高齢者虐待相談をきっかけに支援が開始された事例。

● **家族構成**　本人、母。県外に2人の兄が別世帯を持っている。

●**生活歴**　小学校のときから勉強は苦手だった。容姿のことでイジメられ、不登校経験もある。高校卒業後は工場に就職したが、仕事がうまくできず、上司からの叱責も重なり体調を崩し数年で退職した。その後はさまざまな職種を転々としたが、いずれも短期間で退職している。

　10 年ほど前からひきこもりの状態になり、両親と同居し家事を中心とした生活を行うようになった。7 年前に父が亡くなって以降は、母と二人暮らしになり、収入は母の年金のみである。数年前から母の認知症が徐々に進行し、母は今までのように指示どおりに動けず、尿失禁したり食べこぼしたりして生活に支障が出始めた。そのつど、本人は、母を強く叱責し、ときに暴力に至ることもあり、訪問したヘルパーが、本人が母を厳しく叱責している場面に遭遇し、地域包括支援センターに連絡した。同センターが高齢者虐待事案として、母を保護し短期入所させたが、翌日から母は自宅に帰りたいと言い、本人も母を引き取りたいと訴え、地域包括支援センターおよび同センターを管轄する町より、鳥取センターに相談が入った。

●**相談後の経過**　本人を交えて、地域包括支援センター、母を支援している介護施設および町担当者を交えたケア会議が開催され、鳥取センターも参加した。本人と支援者との関係は悪くはなく、ケア会議後の面接でも穏やかに話をする。母に対する暴力出現の背景には、母を介護できる能力が限界に達していることや、これまでの生育歴などから学習の遅れや金銭管理ができないこと、就労が継続できないことなどが認められ、知的な課題があることが感じられた。

　地域包括支援センターから母の施設入所を提案されるが、本人や県外で生活する 2 人の兄が拒否したため、保健師や施設職員が毎日訪問をすることを条件に、母を在宅に戻すこととなった。しかし、母が帰宅して数日で、以前と同様に暴言が発生し、本人も自分の力では母と同居して生活することは難しいと感じ始めた。県外に住む兄もようやく状況が把握でき、母は施設入所となり本人は一人暮らしとなった。

　その後、本人に対しては鳥取センターと継続的な面接を開始した。面接場面では、今までつらかったことや困っていることなどを話された。幼少期から学

習への課題があったことから、知的障害者更生相談所に紹介し、知的障害と判定を受け療育手帳を取得した。母の施設入所に伴い無収入となったため、今後の生活を維持するため生活保護を申請し、受給となった。自分のペースで生活が安定してくると精神症状も安定し、就労への意欲が出てきた。障害福祉サービスの利用も可能であることを伝えるが、障害福祉サービスの利用には抵抗があるとのことで、ハローワークの紹介にて短時間のアルバイトを行うこととなった。また、知的障害の診断にて障害年金を申請し受給となっている。本人は、将来、生活保護ではなく、障害年金とアルバイトによる収入で生活することを目標にしている。

　ひきこもり支援では、求められる支援が個々によって異なり、連携をする機関も多岐にわたります。これらの事例においても、一般就労ではハローワーク、障害者就労では障害者相談支援事業所や就労継続支援事業所など、生活支援ではホームヘルパーの利用、経済支援では生活保護や障害年金の申請など、それぞれの状況に応じて連携、支援を行っており、この他にも経済支援では生活困窮者支援制度の利用や地域独自の支援制度を利用することもあります。
　しかし、実際のひきこもり者支援の現場では、ひきこもり者の支援拒否、ときには会うことも困難な場合も少なくありません。この場合の相談の多くは、家族の相談から始まります。

【事例21】

　40代、男性。10年間、ひきこもり状態が続く。最近、母への暴言・暴力、長時間に及ぶ拘束（説教など）が繰り返され、市外に住む弟から市に相談のあった事例。

●**家族構成**　本人、母。祖父が同居していたが数年前に死去。市外に弟夫婦が住んでいる。

●**生活歴**　父は、本人が小学校のときに死去している。専門学校卒業後、仕事を転々としていたが、30歳のときに体調を崩したことがきっかけで、ひきこ

もりの状態となる。その後、祖父は亡くなり、母と二人暮らしとなった。

　2年ほど前から、月に1、2回、母への暴力が出現する。頬を叩いたり、強い力で背中を押したりするようになったが、最近では、毎日のように夜中に母を起こして話をし、気に入らない返答をすると怒鳴ったり物を壊したりして、母も疲弊していた。以前から、弟の家に避難してくるように勧められていたが、母は、自分がいなくなると本人が近所に迷惑をかけるのではないかと心配し、詳しいことは弟には話さず我慢して生活をしていた。しかし、ある日我慢の限界となり、暴力を振るわれた翌日に着の身着のままの状態で、親戚の家に避難した。

　弟から市に相談があり、相談を受けた支援者が訪問し本人と会うことができたが、職員が積極的に医療機関への受診を勧めたことから、次第に関係が悪くなった。その後、弟からの依頼もあり、支援者が警察の協力を得て（このときは、警察官がうまく本人を説得し）、精神科医療機関への受診となった。しかし、医療機関では、精神疾患ではないので入院の必要性はないと判断され、本人も継続的な治療を望まなかったことから、治療にはつながらなかった。本人は、支援者が警察官を連れてきたということで、ますます関係が悪化してきたため、母が弟と一緒に鳥取センターに相談来所となった。

● **相談後の経過**　弟によれば、本人は働く気はなく嫌いな人とは一緒に仕事はできない、家を守る、きちんとしないといけないと言っている。実際に、庭のまわりを丁寧に掃除している。母がいなくなった当初は、何度も本人から母へ電話がかかってきていたが、母が電話に応じないでいると、徐々に電話をかけてくる回数も減り、連絡はなくなった。

　弟と従兄弟が、週に1回一人暮らしとなった本人の家に行き、食事やお金を提供している。本人は、最初のころはだいぶ興奮していたが、今は落ち着いてきており、弟のほうから、今後の収入のことのみ話題に取り上げ障害年金の話題を提供したところ、最初は渋っていたが自分自身も将来のことへの不安が高いこともあり、年金診断書作成（診断名は、発達障害）のことのみを目的として相談来所、1年6か月後、障害年金申請に至った（障害年金の申請には、初診

日より1年6か月が経過していることが求められるため）。当面は、弟が訪問をしながら本人を見守っている。

【事例22】

40代、女性。不潔恐怖やこだわりを認め、5年間ひきこもり状態が続いている事例。

● **家族構成**　本人、両親。

● **生活歴**　小学校のころからおとなしく、特定の友だちとしか遊ばなかった。専門学校卒業後、県外の企業に就職したが、人間関係のストレスから1年で退職し実家に戻る。その後、いくつかの仕事に就くが、思っていることをそのまま口にする、自分のペースで物事を決めつける傾向があり、いずれも人間関係のトラブルが原因で短期間で退職している。

5年前に退職したあとは自宅にひきこもり、このころから頻繁な手洗いや強いこだわりが目立つようになった。同居していた祖父は、本人のこだわりが誘因となって暴力を受け、1年前に親戚宅に避難している。両親は仕事をしており、家事全般は本人が行っているが、不潔恐怖のため外出ができず、インターネットで調べた特定の食材を母に買って帰るように要求する。両親の帰宅後は、再三、手洗いの強要がある。午前中に家族の洗濯をすませるが、洗剤のメーカーや洗濯物の分量にもこだわりがある。また、対人恐怖が強いため自宅に人が来ることだけでなく、近隣の人が自宅近くを通ることも嫌がる。

こだわりが激しくなってきたころに精神科医療機関を受診し、半年間、通院・投薬治療を受けたが効果はなく、本人も通院を拒否するようになったため、以降、治療は受けていない。両親が市役所に相談し、保健師が時どき訪問をしていが状況に変化はなく、市役所より鳥取センターを紹介され、両親の相談来所となった。

● **相談後の経過**　本人の状況から、早急に変化を求めることは難しく、当初は、家族面接を継続することとした。相談時、すでに両親が仕事の都合上別居を考えており、今後、本人に対しては、ひきこもり状態を維持した状態での一人暮

らしへの支援のあり方を検討することとなった。経済支援（生活保護、障害年金の申請など）と、外出が困難であることに対して買い物支援などをどのように勧めていくかが早急の課題と考えられた。

　数か月後、両親は、本人を置いて家を出て、本人は一人暮らしとなったが、母は、2、3日に1回、本人に会いに訪問した。本人が外出できないので、本人から頼まれた食料品や日用品などを買って持っていき、今は落ち着いている。本人は、自分が一人になることに強い不安を感じていたと思われるが、母が引き続き、自分のできない買い物の支援（経済支援も含まれる）を続けてくれていることにより、何とか一人でできそうな印象を持っているようである。

7)　本人を実家に置いて親が外に出る場合

　ひきこもり者の家族の中には、本人を置いて家を出たり、逆に本人を家から出させて一人暮らしをさせようと考えられたりすることがあります。経験的には、本人を出させるということはなかなかうまくいきません。親戚の中には、気楽に「本人を追い出して、一人暮らしさせればいいでしょ」と言う人もいますが、なかなか、本人は一人暮らしをしたいとは言いません（逆に、自分のことを誰も知らない県外で一人暮らしがしたいと、経済的に困難なことを求めてくることもありますが）。何とか一人暮らしの手はずを整えたとしても、本人は新しい環境で生活することに強い緊張感を覚え、いざ引っ越しの当日になって「やめる」と言い出したり、環境が合わないと言って（隣人がうるさい、部屋の利便性が思っていたものと違うなど）引っ越したもののすぐに実家に帰ってきたりすることもあります。あるいは、一人暮らしをしたからといって、そこで自立できるとは限らず、近所から苦情が入ってきたり（夜中に大声を出す、ゴミ屋敷になっている、ゴミ出しなどのルールが守れないなど）、本人と連絡がとれなくなって部屋にも入れなくなったりと、さまざまなことが起きてきます。経験的には、もとの家に本人一人を残しているほうが、環境的には慣れているので、うまくいくことが多くあります。もっとも、相談者の多くは計画して家を出たというよりも、何とか踏ん張って同居していたものの、何らかのきっかけで衝動的に

飛び出したということが少なくありません。この場合は、そこに至るまでに長期にわたり本人の暴言や家庭内暴力があったり、過去のことへの恨みを本人が厳しく詰め寄ってきたり、強迫行動に家族を巻き込んで家族が疲弊していたりという、一杯いっぱいの状況が背景にあることが多々あります。一方で、家を出たことで、親戚から、本人を見捨てたと責められる人もいます。

　実際に、本人一人を家に置いて出たとき、これが未成年だったら親から見捨てられたと思うのかもしれませんが、実は、意外とその後一人暮らしが安定している人もいます。本人と一緒に生活をすることは家族もつらかったのですが、本人も負担に感じていたりしたのかもしれません。もっとも、これは結果論ですので、あえて積極的に本人の一人暮らしは勧めません。

　中には、自分を見捨てたと攻撃的になる人もいますが、この場合、この攻撃の背景に何があるかを改めて考えてみる必要があります。見捨てられたからという感情だけで、怒りを表出しているのではなく、その怒りの背景に、今後の生活への強い不安を抱いていることがあります。それは、家族と同居していたときは、ひきこもり状態の自分ができないことを家族がしてくれていたのに、それをしてくれる人がいなくなったため、これからの生活をどうしたらよいのだろうかという強い不安です。それならば、その不安部分だけを、とりあえず支援できれば、意外と一人暮らしが成立する人もいます。**本人の表現する怒りに対して抵抗したり、反撃したりするのではなく、その背景にある不安を少しでも和らげていくことが重要であり、それにより怒りそのものも軽減されていくこともあります。**

　その大きい不安部分の一つが、経済的不安です。本人に収入がありません。このため、家族の中には、自分が家を出てから週に1回1万円を渡している、あるいは月に1回1万円を渡しているという家もあります。この額が、高いか安いかは別として、その額はある程度、家族に任せます。ただ、お金を渡して何とかなるのは、自分で近くのコンビニやスーパーに買い物に行くことができる人です。また、いずれの家族も経済的にはそれほど余裕があるわけではありません。どこかで、生活保護や障害年金のことを考慮に入れます。週に1回1

万円が高いと言われる人もいますが、障害基礎年金2級の支給額が月6万円台とすれば、何とかその範囲内ではないでしょうか。ただ、これに光熱費とか、いろいろと必要になりますが。不思議と、親が家を出るまでは、親から月10万円くらいもらって自分の好きなものを買っていたのに、今は月2万円で何とか生活を収めることができている人もいます。

　もう一つの大きな不安部分は、外出できない、人と会うことができないというものです。外出できなくて困ることの一番大きなことは、食料品や生活用品などが買いに行けないということです（最近は、ネットで購入する人もいますが）。本人がコンビニやスーパーに行けない状況にあれば、家族が食料品などの買い物をしてきたりします。

　お金と買い物に関する支援がある程度できれば、何とか一人でやれるようになる人もいます。それまで両親が料理を作ってくれたり、掃除洗濯をしてくれたりすることに対してどうするかは、それなりに本人が考えます。ひきこもっているときから、ある程度、自分でやれていた人もいます。この部分に、ヘルパーを利用したらとも思われそうですが、ひきこもりや発達障害の人は、新たに人と出会ったり、家の中に第三者が入ることに抵抗する人も多く、ヘルパーを入れるくらいなら、その部分は自分でしたほうが気持ちは楽と考えたりします。

　これらのことから、一人暮らしになったときは、まずは本人が困っているであろう、経済支援、買い物支援の二つから提案を始めます。本人の困っているものなので、提案に乗ってきたりしてくれます。就労支援は、別に本人が積極的に思っているわけではないので、提案しても抵抗されるのが大半で、抵抗されるだけならよいのですが、それが拒絶につながると支援が成り立たなくなります。ちなみに就労への拒否は、仕事そのものよりも、仕事を通じて新たにさまざまな人と出会うことへの恐怖が背景にあることが多く、就労の相談をするときは、仕事の内容だけではなく、この対人不安・対人恐怖にも十分に理解、配慮をしていくことが重要になってきます。

4　30歳危機

　鳥取センターには、近年8050問題に関する相談に加えて、30歳前後のひきこもり者、あるいはひきこもってはいないが仕事がうまくいかない、仕事を辞めてしまったという人の相談が増えてきています。中には、職場から病院に行くようにと言われたという人もあります。しかし、彼らは、統合失調症のような積極的な薬物療法の適応ではなく、適応障害、うつ状態は認めるも、環境要因が強いタイプです。恐らく、以前からこういう人たちは少なくなかったと思われます。しかし、仕事や生活がうまくいかなくて、悩んで、精神科医療機関を受診したとしても、統合失調症や躁うつ病、（内因性）うつ病などではないので、積極的な治療の対象にはなりません。「もう少し頑張ったらどう」「もう少し踏ん張ってみたらどう」「もっとしっかりしなさい、気の持ちよう」などと言われて、誰も相談に乗ってくれなかったり、支援を受けられなかったりしています。30歳頃の人生のつまずきに対して、十分に相談・支援できる体制がないのが実態です。ここでは、これを「30歳危機」とよんでいますが、この30歳危機に、理解や支援を受けられないまま10年以上続いたのが、今の40代以上のひきこもりの多くの人だと思っています。

　ひきこもりの始まりは、

- 中学、高校時代に不登校となり、そのままひきこもりの状態が続いている場合。
- 学校は卒業し何とか就職したものの、職場での不適応、イジメ、パワーハラスメント、過重労働などさまざまなストレスがきっかけとなって、ひきこもりに至っている場合。

の二つのパターンがあります。ひきこもりの予防を考えるとき、ひきこもりの人、あるいはひきこもりに至りそうな状態にある人に早期に介入をするなら、前者に対しては、学校を中退、卒業したものの、就職することができないでいる人への継続した支援を行うことが必要となります。一方で、後者に対しては、

ほとんど支援が行われてこなかったのが実状です。**今後、社会生活に不安、困難を生じたこの30歳前後の世代への支援が十分に行われていくことが必要です。**

　また、この30歳前後のひきこもりの人、あるいはひきこもりに至りそうな状態にある人は、診断をつけるかつけないかは別にしても、発達障害の傾向を持っている人がたくさんいます。発達障害の人たちは決められた仕事を、落ち着いた環境の中で行うことは、頑張って努力をされます。40代以上の中高年のひきこもりの人は、就職氷河期で、十分な仕事が提供されなかったことがきっかけになっているといわれていますが、現実にはそれだけではないと思われます。仕事が提供されなかったことだけが原因であれば、今後、仕事を提供していけば、再就職は可能かもしれません。もちろん、それで再就職される人もいますが、必ずしも、単に仕事を提供するという発想だけでは、多くのひきこもり者がどんどん就職ができていくとは考えられません。

　就職氷河期といわれる時代に起きた重要な変化を考えることが必要です。それ以前は、機械的な単調な繰り返しの仕事も多くありました。発達障害の人の中には、このように決められた仕事を丁寧に、ごまかさずにやっていくことが得意な人がたくさんおられます。しかし、これらの仕事は機械化され、現実には少なくなってきています。また、以前は、職場の人間関係も固定化されていたので、新しい人間関係に混乱することは少なかったと思われますが、近年は、仕事の内容も多様化し、人間関係のスキルを求められる仕事が多く、職場の人間関係も流動的であったりします。就職氷河期以降に提供される仕事は、かつてのような発達障害の人が得意とする機械的な作業が少なくなり、一部の発達障害の人にとっては、苦手な内容のものばかりになってきているのかもしれません。

　30歳前後の、仕事や日常生活につまずいている人たちにきちんと関わることにより、ひきこもりを防げる、あるいは一時的にひきこもりになったとしても、また社会に参加していくことができると考えられます。中には、1年くらいひきこもって（休憩して）、自分の得手不得手を自覚してハローワークなどと相談しながら仕事を選んでいく中で、一般就労に戻っていく人もいます。一

方で、発達障害特性があり、自分自身もそれを自覚し、しばらくは無理せずにやりたいという人は福祉的就労などに向かってもらっています。

　また、積極的には薬物療法の対象ではありませんが、一時的に、出現する不安や不眠に対して向精神薬が効果的な人もいます。

第3章　ひきこもり相談を始めるにあたって

　ひきこもり相談の場合は、最初から本人が来ることは少なく、多くの場合は、家族の相談から始まります。最初に確認するのは、「来られた方（来談者）と本人（対象者）の関係」です。本人自ら来られることもあれば、家族だけが来られることもあります。親戚だったり、友だちだったり、支援者であることもあります。

　「相談の目的」についても、それは「誰が望んでいるのか」ということも重要です。本人が望んでいるのか、家族が望んでいるのか、支援者が望んでいるのかも整理して、家族や支援者が望んでいるときは、本人がそれに対してどのように思っているのかも確認します。

　家族の望みが、「（ひきこもり状態の本人に）仕事に就いてほしい」というものであっても、本人は、そう思っているとは限りません。本人は、「仕事に就きなさい」と言われる毎日に強い苦痛を感じているかもしれません。もちろん、どちらが正解というわけではなく、それぞれつらい思いをしているのですから、まずは、そのつらい気持ちを聞かせてもらいましょう。

　多くの家族は、いつかは、「外に出てほしい」「仕事をしてほしい」「自立してほしい」と思っていますが、当面の相談の目的は必ずしもそうとは限りません。家族が相談の時点で悩んでいることは、

・本人には、外に出てほしい。
・どこか、本人の行き場所はないか。
・仕事をしてほしい。
・本人が、病気でないか、精神科に急いで連れていったほうがよいか。

- 夜中に大きな声を出す、独り言がある。
- 家族に暴力や暴言がある、こだわりが強くて、家族を巻き込む。
- 経済的に苦しい、将来が心配。
- 他のきょうだいと仲が悪い。
- 夫（妻）が協力してくれない。
- 家族として、話を聞いてほしい。
- 今のままでよいのに、周囲（親戚）が納得してくれない。
- 穏やかに暮らしたい。
- どうしてよいのかわからない。

などさまざまです。

　もっとも、最初の一言がそうであったとしても、それがすべてではありません。たとえば、家族から、「どこかに、当事者の集まり、居場所はありませんか」と尋ねられることがあります。たしかに、家族は居場所を探しているのですが、それは、「息子がその居場所に行ったら、同じような仲間がいて、そこで勇気づけられて、頑張って仕事をしようと思ってくれる」というところまでを想像しているのかもしれません。しかし、現実に居場所があったとして、それを家族に伝えたところで、本人が行くかどうかわかりません。居場所に行ったところで、すぐに行かなくなってしまうかもしれません。居場所の居心地が良くて行き続けたものの、そこから先には進まないということもあります。このような相談があったときは、まずは、相談をされた方の質問にお答えし、「居場所があるのか、ないのか、あるならどこにあるのか」などを話しますが、それで終わっては、せっかく家族が思い切って相談をしてくれたことが無駄になってしまいます。

　そのあとに、「どのようなことでお悩みですか、よろしければ聞かせてください」と一言付け加えてみましょう。家族が知りたいのは、「居場所があるかないか」というだけではなく、自分の子どもにどのように関わったらよいのか、これからどうしてよいのかがわからないのです。でも、それをどのように相談したらよいのかもわからないので、最初の質問が、「居場所はありませんか」

と聞いてこられるのです。今、継続相談をしている本人や家族の中にも、相談の第一声が「居場所はありませんか」「どこか訪問してくれるところはありませんか」であった人は多くおられます。まずは、質問にきちんとお答えすることは重要ですが、それだけで終わらず、こちらから悩んでいることを話しやすい語りかけを行ってみましょう。

　一方、本人の思いは、

・将来が不安。
・働きたい。
・話をしたい。
・友だちが欲しい。
・どうでもいい。
・放っておいて。
・周囲を何とかして。
・別に……。
・わからん。
・そっとしておいて。
・今が幸せ（本音）。

など、必ずしも家族や支援者の思いとは一致しません。「今が幸せ」と言われる人も少なくありません。中学・高校のころからイジメられ、仕事に就いてもつらい思いをして、家族や親戚から厳しく叱責されたが、今ひきこもって、次第に家族も自分のことを理解してくれるようになった。そして自分も落ち着いてくると家族のために食事を作ってあげることができ、空いた時間はのんびりと過ごしている。「今が人生で一番幸せです」と話されます。もっとも、本人も内心では、家族がいなくなれば収入もなくなり、生活ができなくなるという将来への不安も持っています。でも、今、将来のことを話題にしても本人は乗ってはきません。

　大切なことは、来られた本人や家族と良い関係を結ぶこと、そして、次回も続けて来てもらうことです。そのためには、面接場面で、本人や家族が、「自

分の大変さを、少しでも理解してもらえた、理解しようと思ってもらえた」と感じてもらえることが大切です。支援者が「したいこと」より、本人や家族が「してほしい」ことから話を始めましょう。

　面接の中で、今の生活状況（一日の生活の流れ、家族との会話、問題行動など）や過去の生活歴（家庭状況、学校生活、就労経験など）について聞いていきます。しかし、本人の思いは、本人にしかわかりません。安心できる関係がなければ、話は聞けません。情報は多いほうがわかりやすいですが、初回では情報を集めることにはあまりこだわらず、必要な情報にとどめ、信頼関係を築き面接が継続できるようになることが目標です。

　相談の最初は、相談に来られた人をねぎらうことから始めます。思い立ってすぐに相談に来られたという人もいれば、相談に行こうかどうか悩み抜いて相談に来られた人もいます。こんな内容で相談に来てもよいものか、相談に来て叱られるのではないかなど、いろいろと不安を抱いている人も少なくありません。まずは、ねぎらい、相談に来られた方の心身の健康を気遣う言葉から始めましょう。

　相談は、本人だけが来られる場合、家族だけが来られる場合、あるいは本人と家族で一緒に来られる場合もあります。相談を始めるとき、本人と家族が同席の場合には、基本的にまず本人へ、それから家族に話しかけます。マンパワーや相談室の数の問題もありますが、それがクリアできれば本人と家族別々に話を聞きます。その際、本人と家族には、同席のほうがよいのか別々のほうがよいのか、まずは本人に尋ねてみます。本人の不安が高く、別々は嫌ですと言う人もいます。本人の反応がなくても、「別々に話をお聞きしましょうか」と言うと、あっさりと別れてくれることもあります。

　本人が黙っていて、なかなか話そうとしないときもあります。緊張が高かったり、無理矢理連れてこられたので反抗していたり、理由はさまざまです。そんなときは、本人に、「同伴者（親など）から聞いていいですか」と一言伝えてから、同伴者にも聞いてみます。あるいは、本人が話し出す前から同伴者が

積極的に話し出したときは、一度区切って、本人に「同伴者から聞いていいか」の確認をとるようにします。

　話の導入をするときは、ここで話したことの秘密は守られることの説明をします。本人と家族別々で話をするとき、本人のほうには、「ここでの話は、あなたの了解なく、家族（あるいは、学校や職場）に話すことはない」と伝え、家族には、「本人から聞いたことは、本人の了解がなければ、家族でも話せない」ことも伝えておきます。

　面接の基本は、話をきちんと聞くところからです。急いでコメントをしようと思う必要はありません。何かアドバイスをしてあげないといけないと思いすぎると、聞くことがおろそかになってきます。聞き手の態度は、支持・受容・ねぎらいであり、ときに、内容の整理をします。コメントはしませんが、適時、情報の確認は行います。面接は、一見おしゃべりのように見えますが、単なる「おしゃべり」にならないように必要な情報を集めることが重要です。

　相談の内容には、こちらが体験したことのないような大変な出来事を話されることもあります。体験していないからわからないのではなく、体験したことがなければ、教えてもらうような気持ちを持って相談を受けましょう。逆に、自分とよく似た体験（不登校など）をしている人の場合は要注意です。自分とよく似た体験をした人の相談を受けるときは、自分自身の体験は少し横に置いておきましょう。自分と同じような境遇の人と出会うと、相手の気持ちがわかった気になってしまう危うさがあります。しかし、「聞かなくてもわかる」ようなことはありえません。相談には、一つとして同じ内容のものはありません。

　生活歴、家族歴、治療歴などを聞きますが、時間によっては、一度に全部を聞くのは難しいこともあります。状態によって、情報の優先度は異なります。なお、記録には、単語ではなく、具体的な出来事、言動（たとえば「幻聴がある」ではなく、「死んだ祖母が大丈夫かと話す声が聞こえてくると訴える」などと）を記録に残します。

　発達障害の可能性があれば、生活歴の聞き取りは重要です。一見、「問題はなかった」に惑わされないようにしましょう。高校時代のことを親に聞くと、

不登校もせず、友だちもいて、何の問題もありませんでしたと言われても（中には、他機関から生育歴：問題なし、高校生活：問題なしと書かれた紹介状をもらうこともありますが）、本人から聞くと、イジメにあって我慢をしていた、とても緊張してつらかったと述べられることも少なくありません。

　統合失調症なら、今の症状に焦点を当てます。幻覚や妄想があるのか、それはいつからなのかなどの情報も欲しいところです。神経症圏（反応性のもの）なら、どのような環境で、そのようなストレスがあったかです。もっとも、発達障害や統合失調症でも、今の置かれている状況やストレスとなるものの状況の把握は重要です。ただ、相談場面では、診断にはこだわらず、本人が今抱えている課題やつらさを中心に聞いていきましょう。

　なお、相談の中で、聞いておきたい項目を表に示していますが、これらをすべて埋める必要はありません（表5、6、7）。また、相談は一人で抱え込みすぎず、困ったときは、同僚や上司と相談をするように心がけてください。

表5　ひきこもり者の相談票（例）　1．対象者の状況

対象者の状況					
対象者氏名		性別		誕生日 （年齢）	
住所				職業	
				連絡先	
相談者氏名				対象者と の関係	
住所				職業	
				連絡先	
主訴					
ひきこもり の状況					

家族構成（ジェノグラム）	社会資源との関わり（エコマップ）

生育歴	（幼少期から、学校、仕事などの経過、状況）

現病歴	（主訴に至るまでの経過、関係する治療歴）

表6　ひきこもり者の相談票（例）　2. 生活状況

過去の生活状況	
生活空間	※発達障害の可能性が考慮されるときは、このあたりを詳しく。
就学前	特に問題なし・健診で指摘あり
学歴	中学校卒・高等学校卒・大学卒（特別支援学級／学校）
学校での様子	問題を認めない・学校不適応・不登校・いじめ
職歴	職歴あり（5年以上）・あり（5年以下）・ほとんどなし
職場での様子	適応・不適応／短期間就労を繰り返す・パワハラなど
相談・受診歴	
相談歴	なし・あり（児童相談所／保健所／市町村保健センター等）
受診歴	なし・過去に通院歴・現在も通院中
	通院歴あり／病院名（　　　　　　　　）病名（　　　　　　）

現在の生活状況	
生活空間	
生活場所	ほとんど自室・家族がいても自室以外でも過ごす
部屋	家族が入ることができる・家族が入れない
日中の過ごし方	パソコン・ゲーム・テレビ・本・その他（　　　　　　　）
外出	家から出ない・家族とたまに外出・一人でたまに外出

睡眠	就寝（　　）時頃／起床（　　）時頃・昼夜逆転（有／無）
相談・受診歴	
対人関係	※本人と会えるかどうかは、対人関係の疲れ度が一つの指標。
家族との会話	家族と会わない・最小限の会話程度・普通に話す
家族以外との会話	会わない・短時間程度（疲れを感じる）・普通に話す
家族以外との接触	完全拒否・短時間なら・拒否はない
身辺管理	
食事	家族と一緒に食べる・一人で食べる・自室で食べる
入浴	毎日・数日毎・月に数回・1か月以上入浴しない
着替え	毎日・数日毎・月に数回・1か月以上着替えをしない
金銭管理	管理ができる・管理ができない・浪費する
家事能力	※将来の自立には、どのような支援が必要かの情報にも役立つ。
家事（洗濯）	自分でする・手伝う（洗濯物のたたみなど）・何もしない
家事（食事）	一人で作れる・手伝う・何もしない（一人で買いに行く）
家事（掃除）	自室は片づける・ゴミは捨てる・散らかっている
備考	

表7　ひきこもり者の相談票（例）　3. 現症・経済状態

現症	
精神症状	※精神疾患や発達障害の可能性、受診の必要性の有無は？ （現在の症状の出現の経過や内容を、具体的に記載。）
気分	抑うつ・自殺念慮・その他
易刺激性	家庭内暴力・暴言・易怒性・イライラ
強迫性	こだわり・強迫症状・不潔恐怖
対人緊張	強度の対人恐怖・対人不安
幻覚・妄想	幻覚・妄想
その他の精神症状	

経済状態	
家族の収入	なし・就労中・生活保護・年金
対象者の収入	なし・生活保護・年金

第Ⅱ部　ひきこもりを取り巻く「病気」「障害」の理解

第4章 「病気」と「障害」

　ひきこもりの人の相談を受けるとき、「病気」と「障害」についての知識を持っておくことは重要です。一つには、これまでに相談・支援を受けた経験のないひきこもり者の中には、ときに統合失調症などの精神疾患を有している人や知的障害の人がおられるからです。統合失調症が未治療の状態であれば、できるだけ早く精神医療に導入し、症状が安定してくれば福祉サービスの利用に結びつけるということも考えます。知的障害であれば、本人の了解を得ながら療育手帳の申請を行い、福祉サービスの提供を行うことができます。このように、ひきこもり者に何らかの精神症状が認められた場合には、背景に精神疾患や障害の有無について適切に判断することが必要となります（支援者だけでは判断できない場合も多くあり、普段から精神科医療機関などとの連携が求められます）。もう一つには、ひきこもり者の中には、自閉スペクトラム症をはじめとする発達障害を有するもの（未診断、その傾向を持つものを含む）が少なくなく、特に、長期ひきこもり者にはその割合が高いと思われます。この場合、早急な診断や医療機関への導入の必要性はそれほど高くはありませんが、支援をしていくうえで、支援者が発達障害に関する正しい知識を持っていることは重要です。

　また、精神医療との連携を考えるとき、支援者は、精神疾患・精神障害に関する法律や制度を知ったうえで、精神科医療機関ができること、できないことをきちんと理解をしておくことが重要です。本人や家族の中には、精神科医療機関を受診したものの、「十分に相談に乗ってもらえなかった」「薬中心で納得いかなかった、カウンセリングをもっとしてほしい」「病気ではないので薬も通院も不要と言われた」と、医療機関の対応や内容に不満を述べられることが

あります。あるいは、「家族がとても困っているのに入院させてもらえなかった」という意見もあります。これらの意見の中には、たしかに薬物治療が中心となっている我が国の精神科医療機関の課題も多くありますが、精神医療の法律、制度を十分に理解されないまま受診に至り、本人・家族と医療機関、双方の食い違いが生じていることもあります。

　支援者が、精神医療の法律、制度などを十分に知らないまま、安易に本人や家族に多大な期待感を持たせてしまい、いざ受診してみると、想像と現実の違いに混乱をされる方もいます。ひきこもりの息子の家庭内暴力で悩んでいる家族に対し、支援者から「精神科医療機関に連れていって、入院をさせてもらうのも一つの手です」と助言を受け、嫌がる本人を無理矢理医療機関に連れていったものの、医療機関からは、「精神疾患ではないので、強制的な入院はできません」と言われ、約束が違うと憤慨された家族もおられます。しかし、これは支援者が十分に精神医療の制度や状況を知ったうえで、本人や家族に説明をしていなかったことに問題があります。ここでは、発達障害や精神疾患に加え、精神障害者に関する制度についても説明したいと思います。

　「障害」には、「先天的」な障害と「後天的」な障害があります。「先天的」な障害は、生まれ持ってのものです。一方、「後天的」な障害は、もともとは病気や障害を持っていなかった人が、病気になったり、けがをしたりして治療を受けたものの、完全な回復に至らず何らかの後遺症が残ったものです。たとえば、脳梗塞や脳出血などの「病気」の後遺症として見られる手足の麻痺などが後天的な「障害」です（図28）。

　発達障害は、このうちの先天的な障害です。先天的な障害の多くは、幼少期から障害の存在に気づき、本人や家族が早期からそれを認め、受け入れ、支援が行われていきます。しかし、発達障害に見られる症状（特性）は外見的には見えにくいため、必ずしも幼少期から障害の存在に気づくとは限りません。学校に通うようになって、障害の特性が誘因となって不登校や抑うつ反応などの何らかの不適応症状が見られたときに相談機関や医療機関を受診し、初めて診

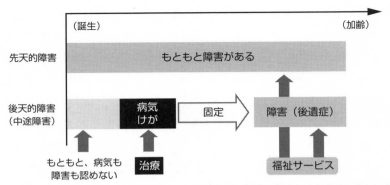

図 28　障害のタイプ

断がつけられることもあります。ときには、成人以降に職場でうつ状態になっ
たり、人間関係のトラブルが起きたりして医療機関を受診して、初めて診断が
つけられることもあります。

　発達障害そのものは病気ではなく障害なので、「治す」のではなく、障害を
持ったままどのように日常生活を送っていくのかが課題になります。しかし、
発達障害であったとしても、さまざまなストレスから「うつ病」を発症したと
き、この「うつ病」の部分は病気なので、医療機関を受診して治療を受けるこ
とが効果的となります。

　一方で、統合失調症は後天的な障害です。発達障害と統合失調症は、いずれ
もイライラや被害感情が出現することがあり、当初は鑑別しづらいことがあり
ますが、発達障害と統合失調症とでは、前者が先天的、後者が後天的と大きな
違いがあり、障害の抱えている「生きづらさ」も異なっています。そして重要
なことは、日本の精神障害者の福祉制度は、統合失調症をモデルにしているの
で、ひきこもり者や発達障害の人にとっては必ずしも効果的でないこともあり
注意が必要です。

第5章 発達障害

1 ひきこもり者における発達障害の診断と課題

　長期化したひきこもり者の中に、自閉スペクトラム症をはじめとする発達障害を有する人が少なくないということは、現場の中ではごく普通に感じられていることですが、まだまだ、この考え方に批判的な人もおられるようです。その中でも聞かれるのが、「ひきこもりの人に、そんなに発達障害の人が多いとは思えない」「何でもかんでも、発達障害とするのはいかがなものか」などです。実際の現場では、何でもかんでも発達障害と診断することはありえませんが、外部から見ると、そのように感じている人もいるのかもしれません。もっとも、ここ数年、現場で直接ひきこもり者の支援をされる人が増えてきて現状が理解されるにつれ、このような批判を聞くことは少なくはなってきています。ここでは、発達障害について述べる前に、なぜ発達障害のことを知っておく必要があるのかについて解説をしてみたいと思います。

　ひきこもり支援における発達障害への関わりで重要なことは、「早急に医療機関につないで、発達障害の診断をしてもらいましょう」ということではありません。支援の現場で求められていることは、「**診断の有無にかかわらず、発達障害の傾向を有している人は少なくないので、支援者が発達障害のこと、特に発達障害者の持っている特性や不安、緊張、恐怖感、そして『生きづらさ』を理解しましょう**」ということです。そうしないと、良かれと思って行った助言や支援の提供が、発達障害を有するひきこもり者にとっては、非常に苦痛であり恐怖を感じるものであることが少なくなく、それが拒否につながることがあるか

らです。支援者は、発達障害の傾向があると感じたら、まずは、本人に安心・安全な関係を保障し、本人と良好な関係を継続していくことが重要です。大切なことは診断をつけることではなく、その人の特性や生きづらさをきちんと理解し、支援することであり、そのためにも、発達障害のことを知識として持っておくことが求められます。なお、仮に、その人が発達障害でなかったとしても、発達障害の傾向を有する人への対応は効果的でありこそすれ、誤った対応となることはありません。

　発達障害の特性の中には、こだわりなどの強迫症状や感覚過敏などがありますが、社会生活をしていくうえで最も課題となるのは、対人恐怖、対人緊張、対人疲労（人と会うことに強い疲労を感じる）です。これは発達障害の特性だけではなく、二次障害による影響も強く、長期化している事例の中では発達障害を有しているうえに二次障害を受けた者も少なくありません。

　近年、本人や家族から「発達障害かどうかの診断をしてほしい」という相談や依頼も増えています。この場合、診断をつけることによって、何を望んでいるのかをお聞きしています。単に発達障害なのかどうかを知りたいだけなのか、発達障害であれば障害福祉サービスの利用を考えたいのか、あるいは、家族や支援者に診断をつけてもらってこいと言われたのか、人によって求めているものは異なります。もっとも、診断をしてほしい、診断をつけてもらってこいと言われた背景には、現実の生活の中に、何らかの不都合や苦痛、違和感を本人もしくは周囲が感じているという場合が多く、面接場面では診断することそのものよりも、この不都合や苦痛、違和感がどのようなものであるのか、それをどのように改善すればよいのかを一緒に考えていくことが目標になります。

　また、診断のために検査をしてくださいと言われることもあります。しかし、発達障害は、何か特定の検査をすれば、診断が確定できるというわけではありません。これまでの生活歴や現在の症状などを詳しく聞いたうえで、参考にWAIS（ウェクスラー成人知能検査）やAQ（自閉症スペクトラム指数）などを必要に応じて実施して、総合的に判断をすることになります。また、現実にはグ

レーゾーン（診断がつく、つかないの不明瞭な境界領域）といわれる場所にいる人が多く、まだまだ診察する医師の考えによっても診断が異なることがあります。なお、支援者から「検査をしてもらったら」と助言を受けられる人もいますが、その人に検査をするかどうかを決定するのは、相談機関、医療機関の判断となりますので、希望があったからといっても必ずしも検査が実施されるとは限りません。

　鳥取センターでは、まず面接をして、必要に応じて WAIS や AQ などを実施しますが、単に診断が目的ではなく、WAIS などを通じて、得手不得手、特性など、（検査ですべてがわかるわけではありませんが）本人が自分自身の状況を知る手がかりの一つとして行います。検査の結果を本人や家族に説明をするときは、原則として検査を実施した人が行います。仮に検査においてそれぞれの課題の得点が低かったとしても、質問の意味が理解できなくて低かったのか、理解できていたけれども回答がわからなかったのか、スピードが単に遅いだけなのか、慎重すぎて遅いのかなど、得点には反映されない特徴もあります。そのため、ときに学校などから、検査結果の数値を教えてほしいと言われることもありますが、数値だけを知ったところで、その数値だけが独り歩きをするだけで何のメリットもありません。

　また、WAIS の結果に大きな問題はなくても、発達障害と考えられる事例もあります。WAIS では、感覚過敏や対人恐怖という発達障害では大きな特性となるものが必ずしも十分に反映されないこともあるからです。

　ところで、発達障害の診断を求めて来られる方は少なくないのですが、実際に診断にこだわっているのは、本人よりも、家族であったり周囲の支援者であったりします。たしかに、発達障害の診断を受けて楽になった、逆に発達障害と診断されてショックだったという人も多くおられますが、相談を継続していく中で、自分の特性の話をしたり、そのつらさの話をしたり、それに対する工夫の話をしたりするうちに、診断名へのこだわりは少なくなっていきます。正直なところ、筆者自身もそれほど診断をつけるということにはこだわってい

ません。むしろ大切なことは、日常生活への困り感を共有して一緒に考えていくことです。

　職場の上司の中には、周囲が本人に対して何らかの困り感がある場合、本人に発達障害と診断して告知してもらえば、本人がそれを自覚して「悔い改めて（？）」変わるのではないかと期待されることがあります。しかし、診断をしたところで、特性に変化が出るわけではありません。もちろん、その特性に配慮した工夫を行うことによって、職場で働きやすくなるということは十分にありますが、それは診断の有無にかかわらず、本人の持っている特性に配慮するという考えで十分にできることです。

　時どき、ひきこもりで発達障害の傾向が認められる人に対して、支援者のほうから、医療機関を受診させて診断をつけてもらい、精神障害者保健福祉手帳の診断書を書いてもらって手帳を取得し、それをもとに福祉的就労など（障害者就労）を利用する方向で本人を説得したいという相談を受けることがありますが、それは難しいものです。本人の意思を十分に確認しないまま支援者が思い描いたストーリーは、うまくはいきません。その場合は、まずは本人が福祉的就労・障害者雇用のことを理解して、援助を受けることを了解するかどうかが重要です。実際には、精神障害者の手帳を取得することを拒否されることもあれば、障害者就労を拒否（障害者として関わられることを嫌がる、実際にいかなる就労も拒否するなど）されることもあります。

　逆に、本人が相談などを通じて（最近はインターネットで）福祉的就労などの情報を得て、自分もそういう制度を利用してみたいと希望するようになり、手帳を取得するために精神科医療機関を受診してみたいという場合は、うまくいきます。それに、精神障害者保健福祉手帳の取得は診断名が発達障害でなくても可能であり、あえて診断名にこだわる必要はないかと思います。ただし、障害年金の申請をする場合には、きちんと発達障害の診断名をつけて申請することのほうが多くあります。

　発達障害の診断に対して、「過剰診断」という言葉を使われる人もいますが、

この使い方もあやふやです。「過剰診断」というと、病気や障害のない人にまで診断名をつけるという感じでしょうか。そもそも診断が正しいか、正しくないかを、誰が判断できるのかという疑問が湧いてきます。「過剰診断だ」と言っている人の診断が間違っている可能性もあります。発達障害の人の中には、診る側の経験が少ないと1対1の面接では十分に特性に気づかれないこともあります。その人が発達障害の特性を有していても、本人のみからの情報、あるいは家族のみからの情報では、その特性が十分に把握できず、短時間の面接、診察では簡単に発達障害と診断できない人もいます。逆に、短時間の面接、診断で、「（発達障害の診断は）誤診です」とも言い切れません。ある程度、年単位で面接を続けていく中で、いろいろなことに気づかされることも少なくありません。「過剰診断」という言葉が過剰に乱用されることのほうに、むしろ大きな疑問を感じます。

　また、発達障害の特性として見られる症状は、発達障害によるものではなく、ストレスフルな環境によって出現してきたものだと言われる人もいます。個人的には、それが発達障害によるものであったとしても、ストレスフルな環境によるものであったとしても（多くは、もともとの特性が、二次障害やストレスフルな環境によって、より顕在化しているのかと思いますが）、その議論は現時点ではそれほど重大ではありません。重要なことは、**今存在している症状やその症状による生きづらさを十分に理解して、きちんと関わり支援をしていくことにあります**。

　中には、「何でもかんでも発達障害か」という批判をされる人もいます。たしかに、そのような診断を行っている人もいるのかもしれませんが、筆者のまわりで発達障害を診ておられる先生方は、きちんとした診断をされています。何よりそれ以上に困るのは、この風潮が広がっていくことです。

　子どもが発達障害と診断された家族の多くは、それなりに納得して診断を受け入れて頑張ろうと思われます。ところが、自宅に帰って子どもが発達障害と診断されたと言ったところ、祖父母から、「すぐに何でもかんでも発達障害と

言う。そんな目で息子を見たらかわいそうだろう」と言われて否定されたとか、学校の先生にその話をしたら、「お母さん、私は発達障害の子どもを教えた経験がありますが、あなたのお子さんはそんなことはありませんよ、障害という目で見るのはやめましょう」と言われたという人も少なくありません。祖父母も学校の先生も悪気はないのかもしれませんが、その言葉で親のほうは、自分のまわりの人に相談しても、子どもや親のつらさはわかってもらえないと失望し、孤立を深めていくことになります。

　また、最近は、30歳前後で職場不適応を起こして、うつ状態やパニック状態になって相談に来られる人も増えています。「30歳危機」です（2章4参照）。その中には、発達障害の特性があり、それが理解されず不適応に至ったという場合が多くあります。この時点で相談に来られると、ひと休憩をして、ときには発達障害の診断を受けて、自分の得手不得手を再確認して、今後、再び仕事に就くときにはどのようなことに気をつけたほうがよいかなど、一緒に相談することができます。ところが、こういった人の中には、小中学校時代に発達障害の可能性を学校や相談機関から指摘され、専門機関への受診を勧められたという人もいます。しかし、親のほうがそれを認めたくなかったので相談に行かなかった、あるいは相談に行こうと思ったが、祖父母や知人、周囲の人から相談に行かないほうがよいと諭されて、結局は相談に行かなかったという人もいます。30歳になって子どもが職場の人間関係で悩んでいるのを見て、「あのとき、どうして相談に行かなかったのだろう」と悔やんでおられる家族もいれば、その話を聞いて、「どうしてあのとき、相談に連れていってくれなかったのか。相談に連れていってくれていれば、こんなに苦しむことはなかったのに。親は世間体ばかりを気にしていたのか」などと親を責める人もいます。

　「障害という目で見たらかわいそう」という、周囲が良かれ（？）と思ってした助言が、十数年後に本人や家族を苦しめることになっているのです。もっとも、助言した人は、そんなことはまったく知らない話ですが。

　いろいろな場面で「大人の発達障害を診てくれるところ（医療機関など）は

ありませんか?」と質問されることがありますが、多くの場合は、「わかりません」と答えています。けれども、実際には、多くの精神科医療機関は、大人の発達障害の人を少なからず診ています。しかし、これらの大半の人は、うつ状態になったり、不眠になったり、不安が高まったりして精神科医療機関を受診し、うつ病、不眠症、不安障害などの診断を受けたとき、その背景にある発達障害にも気づかれ診断を受けたものです。

精神科医療機関に、「発達障害の人を診てもらえますか?」と尋ねられても、医療機関としては何を求められて紹介をされているのかわかりません。たとえば、「発達障害の人が眠れなくて困っています」「発達障害の人が落ち込んで、うつ状態が進んで診断、治療を求められています」と相談されると、医療機関は診察をされると思います。発達障害の人に必要なものは、治療だけではなく、あるときは福祉サービスであったり、あるときは経済支援であったり、あるときは面接相談であったりします。そのすべてを医療機関が支援できるわけではありませんから、**支援者が発達障害の人（あるいはそれを疑われる人）を医療機関に紹介される場合は、何を目的としているのか、精神科に受診することを本人が了解しているのか**ということを、きちんと事前に医療機関に伝えることが求められます。

2　我が国における精神障害者の福祉制度の課題

ひきこもり者や発達障害者が福祉サービスを利用するときに、「我が国における精神障害者の福祉制度」について、支援者が十分に理解をしておく必要があります。

発達障害者が障害福祉サービスを利用する場合は、主に精神障害者保健福祉手帳を取得して、精神障害者としての福祉制度を利用することとなります。1995（平成7）年精神保健福祉法（精神保健及び精神障害者福祉に関する法律）の改正、2005（平成17）年障害者自立支援法（現、障害者総合支援法）の施行により、地域の中には精神障害を有する者が利用できる制度や事業所が増加して

きていますが、これらの福祉サービスは、統合失調症をモデルにしているのではないかと考えられます。

　統合失調症と発達障害では、そもそも有している障害の内容が異なっています（15頁、図2参照）。統合失調症者は、もともとコミュニケーションの障害がなく、集団生活も普通にできていました。統合失調症を発症することにより、日常生活の能力の低下などが認められますが、学校や職場などで集団生活を送ってきた統合失調症者にとって、デイケアはのんびりと生活できる集団であり、就労継続支援事業所は自分の能力に合わせて時間や内容を配慮してもらえる安心の場です。しかし、発達障害者はそうではありません。彼らの多くは、もともとコミュニケーション障害や対人緊張・集団恐怖に悩み、苦しみ、その結果として、うつ状態や、ときには妄想などを生じ、ひきこもり状態に至っているものも少なくありません。ひきこもりや抑うつ・不安などの症状が安定しても、（統合失調症がモデルとなっている）精神障害者の福祉サービスを利用することで、再び集団での人間関係のストレスにさらされることとなり、混乱を生じることがあります。発達障害者の福祉サービスの利用に際しては、統合失調症と発達障害の障害特性の相違に留意し、配慮が必要となります（もちろん、発達障害の人で、適切な配慮を受けて、福祉サービスを利用して社会生活を送っておられる人もたくさんおられます）。

【事例23】

　20代、女性。福祉サービスの利用が難しく、県ひきこもり者職場体験事業を利用している事例。

● **家族構成**　本人、両親、祖母と同居。

● **生活歴**　小学校時代は友だちも少なく、帰宅後は一人でままごとをしていた。趣味はアニメやイラストなどの狭い範囲に限られ、その話題に関しては饒舌になった。高校卒業後、県外の専門学校に進学したが、学校になじめず1か月で退学し、今後のことの相談を希望して母に連れられて来所となった。

● **相談後の経過**　本人と母の継続面接とし、本人の生活歴や検査などの結果か

ら発達障害（自閉スペクトラム症）と診断をした。このころから対人緊張・不安が高まり、ほとんど外出できなくなり、決められた食器洗いなどの家事以外は自室で過ごすこととなった。2年が経過したころ、自分でも何とかしないといけないと感じるようになったが、人中へ出るのは難しく、障害者就労継続支援事業所などへの通所も検討し見学なども行ったが、作業能力は有するも、新たに人と出会うこと、事業所で人と接すること、集団の中に入るということだけでも難しいと言う。そのため、ひきこもり地域支援センターへ紹介し、県ひきこもり者職場体験事業を利用することとした。何とか同センターの担当者とは面接はできたが、他の人と会うのは難しいと言い、2週間に1回、2時間のみ、人の少ない時間帯に母の送迎で同センターに通所し、他の利用者と出会うことのないパーテーションで区切られた場所で作業をして帰ることを繰り返した。2週間に1回行くだけでも、強い緊張感と疲労を感じると言い、現在、通所して2年が経過するが、他の利用者とはほとんど交わることはない。しかし、数か月前より自転車で通所することができるようになり、帰り道は、お気に入りの静かな喫茶店に寄って時間を過ごすなどの楽しみを持ち始めるなど、生活範囲が広がり、徐々に外出への不安も緩和されてきている。

3　発達障害の特性と支援

（1）発達障害と三つの視点

　これまで、発達障害は、社会的な理解が乏しく適切な対応や支援が十分になされてきませんでした。2005（平成17）年4月に、発達障害者およびその家族への支援について、国、地方自治体、発達障害者支援センター、国民の責務を定めた「発達障害者支援法」が施行されましたが、まだまだ十分な理解や支援が行われているという状況ではありません。今後も、社会に対してより正しい理解が得られていくことや、個人の特性に合った支援が行われていくことが必要とされています。

　この法律の中で、発達障害は、「自閉症、アスペルガー症候群その他の広汎

性発達障害、学習障害、注意欠陥多動性障害その他これに類する脳機能の障害であってその症状が通常低年齢において発現するもの」（第2条）と定義されています。このうち、学習障害（LD:Learning Disorder）は、聞く、話す、読む、書く、計算するまたは推論する能力のうち特定のものの習得と使用に著しい困難を示すさまざまな状態であり、注意欠陥多動性障害（ADHD：Attention Dificit Hyperactivity Disorder）は多動性、不注意、衝動性などの症状を特徴とします。そして、小児科、精神科領域で高い関心を示されているのが自閉スペクトラム症（ASD：Autism Spectrum Disorder）です。これまで、自閉症、アスペルガー症候群（障害）、広汎性発達障害などさまざまな診断名がつけられていましたが、今は自閉スペクトラム症の診断名が使われることが一般的であり、自閉スペクトラム症は、これまでの自閉症、アスペルガー症候群、広汎性発達障害などをひとまとめにした診断名と考えてください。長期のひきこもり者の中には発達障害の人が少なくありませんが、その中でも、よく見られるのが自閉スペクトラム症です。そのため、**ここから先の項目は、発達障害と記載していますが、主に自閉スペクトラム症の症状を中心に述べていきたいと思います。**

　発達障害への支援について、多くの専門書には、それぞれの特性に応じて、どのような関わり方をすればよいのかが書かれています。しかし、実際にこれらの関わり方をそのまま行おうとしても、なかなかうまくいきません。なぜなら、本人がそのような介入を望んでいるとは限らないからです。あるいは、極度にエネルギーが低下していて（疲れていて）、それを実行するだけの力が十分に回復していないということもあります。過去にとても不快な、あるいは恐怖感を抱くような体験があり、それが厳しい二次障害となっているときには、周囲が介入しようという行為そのものに、強い拒否感を持っていることもあります。話を聞くとき、今の状態がどうなのかを知るためには、次の三つの視点を見ておきたいところです。

①もともとの本人の状態（能力や性格、特徴・特性など）

②エネルギーの低下（疲労の程度）
③二次的に発生した感情

　もともとの本人の状態とは、その人の本来の状態、能力や性格、特徴です。発達障害の特性も含まれます。大学生であれば、今の大学生活や友人関係、勉強やゼミの研究、発表などが本人の能力で可能なのかどうか、職場であれば、今与えられている仕事が、本人の本来の能力で十分にできるものであるのかどうかの判断も重要です。

　ストレスが強くかかる環境に長期にさらされているとエネルギーが低下してきます。今のエネルギーの状態が、本来の状態に近いのか、本来の状態よりもエネルギーが落ちているのかによっても支援のやり方が異なってきます。エネルギーの低下を知るために、本人に、「あなたの本来の状態を10とすると、今はどれくらいですか」と尋ねてみることもあります。「まだ4くらいです」とか、「8か9くらいに戻っています」と答えられます。「4です」と言う人なら、「残りの6は何が足りないですか」と尋ねます。すると、「まだ集中力が戻りません」「思考力が落ちています」「疲れやすいです」「人と会うのが怖いです」などと言われます。このような場合は、いろいろな関わりをする以前に、まずはエネルギーをもとの状態に近いところまで戻すことが当面の目標になるのですが、エネルギーの回復には、時間が必要です。いくら焦っても、時間が必要なのです。「安心・安全」が保障された環境の中で、のんびりと自分のペースで生活を送ることが一番のエネルギーの回復に役立ちます。そのためには、本人にとって不快なものを避けていくことが重要となるのですが、本人がどのようなことに不安や疲労を感じているのかを知るには、一般的に発達障害の人が持つ特性や、その中でもその人にとって生活のしづらさとなっている特性について知っておく必要があります。また、発達障害を有している場合でも、うつ病や著しい不眠症を併発していることもあります。この部分に関しては、薬物治療をはじめとした精神科的治療が効果的なこともあります。

　二次的に発生した感情は、不登校やひきこもりなどに至る経過で体験した苦

しい体験、嫌な体験によるものです。その結果として、どのようなことに不安
や恐怖感、嫌悪感を抱いているのかを知っておきたいところです。いずれはこ
れらの不安や恐怖などが軽くなる、あるいはそれらに慣れていくことも必要に
なることもあり、そのためには十分にエネルギーが回復しているということが
前提になってきます。

　過去の体験において、あまりに不快感や嫌悪感が強いときは、同じような環
境に自分を置いたり、それとよく似た体験をしたりすることに、強い拒絶を示
すことがあります。そのような場合には、**当面の間、不快感、嫌悪感を抱いて
いる対象から物理的あるいは視覚的に離れることが必要です。十分な回復をして
いないのに同じような体験をすると、不安や恐怖感が高まり、かえって回復を長
引かせてしまうことになります。**

（2）特性を知る

　発達障害の人と関わっていくには、発達障害の人には、どのような特性があ
り、その特性が日常生活の中でどのような生活のしづらさを生み出しているの
かを知っておく必要があります。

　また、発達障害の人が、特性のすべてを持っているわけではなく、個々の特
性には大きな差があります。たとえば、集団は苦手な人の中にも、できる限り
人とは関わりたくないという人もいれば、仲の良い友だちが欲しいという人も
います。また、こだわりが強く整理整頓がとても得意で、部屋がいつもきれい
に掃除できているという人もいれば、まったく片づけができず部屋の中がゴミ
だらけという人もいます。発達障害の人の特性を理解したうえで、相談に来ら
れた方がどのような特性を持っておられるのかも知っておく必要があります。

　ところで本人や家族と面接をしていて、もしかしたらこの人は発達障害の可
能性がある、あるいはその傾向があると感じるには、いくつかの所見があります。

　たとえば、本人や家族から見て、

・融通が利かない。臨機応変が苦手。

・一つのことには熱中できるが、同時に二つのことをするのが苦手。

- 神経質で、本人なりのこだわりがある。
- 遠回しな言い方や冗談などが理解できず、文字どおり真に受けてしまう。
- 人とのコミュニケーションのとり方がよくわからない。
- 人と話をしたり、集団の中にいることに、強い疲労を感じる。
- 頑固な一面があり、自分が嫌だと言ったら絶対に受け入れない。
- 一方で、一度自分が納得してすると言えば、自主的にすることができる。
- 自分なりに納得がいくまでやらないと気がすまない。途中でやめられない。
- 自分の関心があることは、その場の空気を読まずに１時間でも２時間でも家族に話してくる。
- 過去の嫌な出来事が忘れられない。そのことにいつまでもこだわっている。
- 同じ失敗を何度も繰り返し、そのつど説明をするがなかなか理解ができない。

などといった特徴が見られると、発達障害の特性があるのかどうかを見ていくことになります。もっとも、発達障害者の中には、表面的にはとても人付き合いがうまくできていたように見える人もいれば、積極的に集団の中に入っていく人もいますので、上記の症状は、あくまでも参考程度であると思ってください。ここでは、発達障害の人の多くがどのような特性を持っているのかを説明してみたいと思います。

（3）発達障害の特性

　発達障害の特性を、「主な３症状」「認知のずれ」「付随する３症状」に分けて説明を進めていきます。

1）　主な３症状

①感覚過敏

　発達障害者の多くは、感覚（聴覚、視覚、嗅覚、味覚、触覚）の過敏性を持っており、これらが日常生活、特に集団生活を送るうえでの大きな苦痛となっています。この中でも、思春期以降は、主に聴覚と視覚の過敏が日常の生活を送

るうえで大きな問題となってきます。これらの感覚過敏は、身体的、精神的疲労が溜まってくると、より高くなってきます。普段はそれほど過敏性が目立たない人でも、身体的、精神的ストレスが強くかかると、感覚過敏による症状を訴える人がいます。そして感覚過敏が高まってくると、ますます不適応反応が出現しやすくなり、結果的にその反応がよりストレスがかかる状態を強めて、感覚過敏が高まるという悪循環に陥っていきます。この場合は、まずストレスがある状況をいかに軽減していくかから考えていきます。

　聴覚過敏があると、家族のたてる生活音（台所で調理をする音、掃除機の音、家族のしゃべり声など）や近隣から聞こえてくるさまざまな声や音（子どもの騒ぐ声、ドアの開け閉め、車のエンジン音など）が大きなストレスとなることがあります。視覚過敏があると、周囲の視線や光の強さが気になるという人もいます。また、視覚的記憶といって、物事を映像のように覚える人もいますが、これらの人は記憶力が高く、そのことで生活にメリットがある場合もあれば、実は苦しい思いをすることもあります。

〈過去の記憶にとらわれる〉

　ときに、家族に対して過去の嫌だった体験を繰り返し話されることがあります。「過ぎてしまった昔のことは忘れて、前を向こう」と言われても、なかなか忘れることができません。それは、発達障害の人の中には、自分の好きなことや、逆に嫌だった出来事を鮮明に覚え、それを忘れることができない人が少なくないからです。多くの人が喧嘩をしても嫌なことがあっても頑張れるのは、月日の経過とともに「忘却」ができるからです。しかし、発達障害の人は「忘却」ができず、何年も前の出来事をつい昨日の出来事のように語ることがあります。発達障害の人には、「視覚的記憶」を持つ人が多く、単に覚えているというのではなく、よりリアルに映像として、そのとき、誰が何と言ったのか、そのときの情景や表情、そしてそのときの不快な感情も覚えています。あたかもそのときに戻ったかのようにタイムスリップします。ただ、その記憶は必ずしも正確ではありません。何度もタイムスリップを繰り返すと、嫌な記憶はよ

り悪いほうに歪曲されて、現実よりもより悪い記憶になっていることがあります。しかし、家族がそれを、「あなたの思い違い」と指摘しても納得はしません。本人はそのように記憶しているので、訂正はききません。では、その嫌だった過去の体験の話はずっと続くのでしょうか？

　多くの場合、本人が嫌な記憶を話すときは、過去だけではなく現在もつらいときです。現在がつらいと、過去の嫌な出来事がフラッシュバックします。本人が、過去の嫌な記憶をつらそうに話すときは、今現在、生きている社会がつらいのだと思ってください。そして、現在あるストレスを減らす、環境を改善することを考えましょう。現在のストレスが改善してくると、徐々に、過去のつらい話をすることは減ってきます。このような忘却できない「記憶」は、日常生活の大きな障害になります。たとえば、職場の上司から厳しく叱られ続けると、視覚的にその上司の怒りが記憶され、その上司の刺激があると、厳しく叱っている上司の顔がリアルに頭の中に映像として浮かび、恐怖感を抱くようになります。そのため、その上司に近づけなくなる、上司のいる部屋に行けなくなる、上司のいる会社に（上司がいるいないにかかわらず）行けなくなる、ということが起きてきます。それでいて会社には恐怖で行けませんが、会社と関係のない遊び（旅行やスポーツなど）は普段どおりに行くことができます。周囲からこれを不思議に感じ、「怠けているだけ」「やる気がない」「根性がない」などと言われることもあります。これを避けるためには、「できるだけ、本人にとって不快な出来事は避ける」こと、そして仮に、そのような出来事があったときは、早めに環境調整を行い本人自身のクールダウンを行うことが重要です。

　ちなみに、中学校が嫌だった子で、卒業式の日に卒業アルバムや教科書をすべて捨てた子がいます。これも、嫌な思い出は物理的に消去するという一つのクールダウンです。

②コミュニケーション障害
　「抽象的な概念を十分に理解できない」という特性を持っているため、会話

をしていても、まわりくどい表現やたとえ話などがあると、相手が伝えたい意図を十分に理解することができません。場の雰囲気を読むことができず、集団の暗黙の了解もわかりません。そのために、場違いな対応をとったりすることがあります。また、言葉の流れがつかめずに、他人の言動の端々あるいは一部に引っかかったり、こだわったりすることもあり、場の雰囲気を乱してしまうことがあります。指示が十分に理解できず、やらなければいけないことができなかったり、的外れな行動をとったりすることもあります。これらのことが見られると、学校や職場で、「やる気がない」「怠けている」「協調性がない」「ふざけている」などといった誤解を受けたり、それがイジメのきっかけになったりすることもあります。また、そのことで、本人自身も、集団の中で強い不安や緊張感、疎外感、ときには被害的感情を抱くこともあります。

　なお、これらの症状は、発達障害の人すべてに認められるわけではありません。逆に、周囲の雰囲気に過敏になりすぎて、一見、とてもうまく集団に適応できているように見えていても、実は、とても気を遣いすぎて、周囲の些細な言動に反応しすぎて疲弊している、苦しんでいる人もいます。

〈発達障害者への声かけ〉

　発達障害者への声かけの３原則は、**具体的に、丁寧に、穏やかに**伝えることです。主語、述語を明確にして話すことも重要です。一方でフレンドリーな話しかけは、当初はしてはいけません。発達障害者は、多くの場合、自分の領域をガードしています。フレンドリーな話しかけは、心理的距離感が近すぎるので、不用意に自分の領域に入ってくるのではないかという不安を与えます。また、多くの発達障害者は、怒っている、叱っていると感じられるような言い方や「上から目線」と感じられる話し方、自分の意見を否定するような話し方にも拒否的です。また、自分が十分に話し終わっていない、伝わっていないと感じているのに、あいまいなコメントをされたり、軽く受け流されたり、それに対する否定的な意見をされたりすると、拒絶を招きます。まずは、本人の意見をコメントなしで、じっくりと聞いてみましょう。

　支援者は、よく本人が何をやりたいのか得意なことを探そうとします。しかし、本人の「やりたい」を見つける前に、**まずは、本人にとって不快と感じること、「敵」と思うこと、つらいと思うこと、強い疲労感を覚えることをできる限り避けることが必要です**。本人に余裕ができてくれば、本人なりの「やりたい」が自ら出てくることもあります。

　また、新しい作業、経験のないことは苦手です。どうしてよいかわからないというようなときには、「自分で考えてみなさい」ではなく、まずは一緒にしてみることから始めます。何度か繰り返し視覚的に体験することにより、スタートからゴールまでを頭の中で繰り返してイメージができるようになれば、その範囲内では自主性も生まれ、応用も可能になっていきます。

③興味の集中やこだわり

　特定の物事に対する強い興味の集中やこだわりを認めることがあります。これらに集中するあまり、今やらなければいけないことがおろそかになったり、今すべきでないときに熱中しすぎたりします。また、自分なりのルールや関心事に対してのこだわりが強く、頑固な態度をとったり、周囲と協調した行動をとることができなかったりすることもあります。

　予定外の行動に臨機応変に対応することが苦手で、いつもどおりに、あるいは予定どおりに物事が進んでいると安心して行動できますが、急な予定変更があると強い混乱を示し、新しい場面には強い不安感を抱きます。また、同時に二つ以上のことをすることが難しいということもよく見られます。一つのことに集中していると、それが終わるまで他のことができません。一つのことに集中しているときに、別のことを頼まれると混乱するという人もいれば、一つのことに集中しているときに、他のことに集中が移ると、それまでにしていたことに関心がなくなり放ったらかしになってしまう人もいます。

　一方、不潔恐怖など、特定のものに対して強い不快感、不潔感を抱くことがあり、そのことで日常生活に支障が起きたり、周囲の人を巻き込んだりすることがあります。

　自分の関心のあること、したいことに関しては、自主的に物事を進めたり、積極的に強い関心を持つことができ、やがて、これは経験値となって、本人の成長につながります。一方で、本人が関心のないこと、苦手なことをさせたとしても、本人は集中力に欠き、残念ながら経験値につながらず、学習効果は期待できません。そのため、本人の乗り気でないことを嫌々させても、本人の成長や回復にはつながりません。

　また、多くの発達障害の人は周囲にとても気遣いをします。仮に一見普通にできているように見えていても、周囲の人と比較して数倍から数十倍の疲れを感じていることもあります。

2)　認知のずれ

　「認知」とは、「周囲の出来事などに対して、それらを知覚し、それに応じた判断や解釈を行う」ことです。発達障害者の多くは、自分の周囲で起きていることを的確に認知することが苦手です。認知のずれがあると、物事に過敏に反応したり、ごく一部分だけに集中して全体像が見えなかったり、偏った判断や解釈などが行われたりすることがあります。この認知のずれの程度は、発達障害の人でも、軽いタイプと重いタイプがあり、個人によって異なります。

　「認知のずれが軽いタイプ」の場合は、周囲の雰囲気は感じとるものの、状況を十分に把握することができないので、周囲に過敏に反応しやすく、そのため、周囲にとても気遣いをします。周囲のささいな言動に不安になったり、緊張したり、ときには被害的になったりすることがあります。相手が怒っているのはわかるのですが、なぜ怒っているのかわからないので、その相手と会うことがますます不安になってきます。この場合、周囲の人は、あいまいな言動を避け、より具体的な言葉で丁寧に、あるいは図などに示して説明を行うと、本人は状況を正確に把握することができ、不安や緊張などの精神症状が軽減されていきます。

　また、指示や説明がコロコロと変わったり、複数の人から異なった指示がなされたりすると（本質的には異なっていなくても言い回しが少し異なると、本人に

はまったく別のものとして判断されることがあります）、ますます混乱が起きやすくなります。指示する人をできるだけ1人（本人が信頼している人であることが重要）もしくは最低限の人数にしぼるとともに、指示が本人の知らない間に変わることのないように、変更があるときは、事前に明確に伝えられることが重要です。

　一方で、「認知のずれが重いタイプ」の発達障害の人の場合は、本人は、自分自身の目の前で起きていること以外に関心が向かないため、周囲の雰囲気を感じとることができず、周囲への気遣いもできず、的外れな行動をとってしまうことがあります。相手が怒っていても、怒っているということにも気づかない場合です。そして、そのことで周囲がイライラしたり怒ったりしても、そのこと自体に気づかないため、知らず知らずの間に周囲から疎外されたり、ときには、本人が理由を理解できないまま職場を解雇されてしまうこともあります。この場合は、言葉で説明をすることは難しく（一見、その場では表面的には了解したような態度をとっても）、具体的な指示を中断のないように継続的に繰り返し行いながら、行動パターンを習慣化していくことを考えます。

3)　付随する3症状
①多動性、不注意、衝動性

　これらの症状は、発達障害の人の中でも、顕著に見られる人もいれば、あまり見られない人もいます。多動性・衝動性は、就学前から小学校中学年頃までに強く見られますが、年齢が上がってくると表面的にはあまり目立たなくなってきます。この症状に関しては、ときに、投薬治療が行われることもありますが、その場合も、服薬ですべてが解決するわけではありませんから、症状の理解と環境の調整が必要です。また、服薬に関しては、きちんと説明を受けたうえで本人や家族の意思が重要であり、周囲が服薬することを強く求めることは適切ではありません。

②協調運動障害

　協調運動には、スポーツなど全身運動を中心とした「粗大」なものもあれば、手先の細かい作業を行う「微細」なものもあります。

　発達障害の人は、細かい作業を行う「微細」な運動が苦手という不器用な人が少なくありません。それがよくわかるのが、「蝶々結びが苦手」です。この他にも、縄跳びやはさみ使いなどが苦手だったという人も多くいます。ただ、一部には、とても細かい作業が得意で丁寧に作業をこなす人もいます。

　一方で、「粗大」な運動であるスポーツ、特に球技が苦手だったという人も多くおられ、そのことで学生生活が楽しくなかった、仲間外れにあったと言われる人もいます。しかし、中にはスポーツが得意だったという人もおられ、全国レベルの大会にも出場したことがあるという人もいます。この人たちは、もともとの能力だけではなく、こだわりがあるおかげで一度スイッチが入ると極度の集中力で運動や練習をこなすことができます。

　日常の生活の中で、手先の器用さが求められるところで仕事をすると、そこで不適応を起こすことがあります。スポーツクラブで何が一番苦痛だったかと聞くと「靴ひもを結ぶこと」だったとか、新聞配達を始めたが新聞を自転車の荷台にくくることができなかったとか、日常生活の中で思いもよらぬところでつまずいていることがあります。

③二次障害

　これまでに述べてきた障害・特性は生まれ持ってのものですが、この「二次障害」はそうではありません。社会の偏見や無理解、不適切な対応や支援のなさなどのために、非常に不快な、苦痛な、あるいは強い不安、恐怖を感じるような体験が生育歴の中で繰り返されることによって生み出されたものです。特に、幼少期から青年期に発生した家庭での虐待体験（現実には、本人の特性による育てにくさやそれに対する周囲の支援の不足、理解不足が影響をしていることもあります）や学校、職場での強いイジメ、パワハラ体験などがあると、

　・対人不信

・対人恐怖・集団恐怖

・過敏性の亢進

などの二次障害が起きてくることがあります。二次障害があると、他者と安定した人間関係が結べず、常に対人関係の場面において不安、不信、緊張が高まったり、他者との適切な距離感の保ち方がわからなかったりします。二次障害が強い場合には、もともとの発達障害の特性そのものよりも二次障害の症状のほうが、生活のしづらさの中心になっていきます。

〈人間関係のトラブルについて〉

　発達障害者にとって、最も大きなストレスとなるものの一つが、人間関係です。**本人が不快、不安に思う人間関係からは、視覚優位もあり、物理的に距離をとる（視界から消す）ことが重要です。**きょうだい喧嘩が始まったときは、まずはお互いを引き離し、視覚から消してクールダウンをさせてから、それからのことを考えます。長期に不快、不安な人間関係にさらされ続けると、より特性が強まり、イライラや焦燥、易刺激、攻撃性も高まってきます。クールダウンの方法はさまざまであり、人によって異なります。一人になりたい人もいれば、好きなことに没頭したい人、自分の話をじっくりと聞いてもらいたい人もいます。気持ちに余裕があるときに、混乱したときにはどのように関わってもらったほうがよいのか、事前に聞いておくことも必要です。

〈こだわり〉

　こだわりは、発達障害の中心的な症状の一つです。自分のこだわっているものには、「頑固」で修正することも難しいものです。ストレスが高まると、こだわりも高まり、こだわりが高まるとストレスも高まるという悪循環に陥っていきます。また、こだわりにとらわれていると、それ以外のことに集中できなくなっていきます。

　こだわりそのものを軽減することは難しく、また、こだわりを一方的に我慢させるのも難しいのが現実です。本人なりに納得のできる手段を考たり、ある

いはストレスを感じる環境から少しでも離して、ストレスを軽減させます。

　また、一つのことにこだわっていると、その一つのことがだめなら、すべてがだめという思考回路を有することもあります。

　たとえば、こんな発達障害の高校生がいました。本人は、「東京大学を受験する」と言っていました。しかし、本人の今の成績から見て、残念ながら合格の見込みはありません。親は学校の先生から、「この成績では、どれだけ頑張っても合格は難しい。志望校を変更したほうがよい」との助言を受けています。しかし、本人は、「東京大学を受験できないのなら、勉強する意味はない」と言い、一切の受験勉強を放棄し始めました。この場合、やる気（モチベーション）を維持するためには、本人の意思を尊重して「東京大学受験を頑張ろう」と話すようにしています。そして、受験時期が近づいてきたら、模擬試験の結果などを見て、客観的に本人の合格の可能性を担当者から話してもらい情報を提供します。それにより、志望校を変更する場合もあれば、絶対に変更を拒否する場合もあります。最終的に大切なことは、いろいろな情報を提供しながらも、自分の意志で決定したことを尊重することです。自分が下した決定で、仮に東京大学が不合格だったとしても、納得して、これからどうしていくのかを一緒に考えることができます。しかし、仮に本人を説得して志望校を変更して別の大学に合格したとしても、本人が東京大学を受験することをあきらめたことに十分に納得していなければ、合格した大学に通い続けるモチベーションが続かず、何か嫌な体験があると、あっさりと退学してしまうかもしれません。

第6章 ひきこもりと精神医療、精神疾患

1 鑑別診断を要する、あるいは併発する精神疾患

(1) ひきこもりと精神医療

　ひきこもりの人すべてが、精神医療を必要としているわけではありませんが、一方で、精神医療が必要な人もいます。もっとも、日本の精神医療の中心は薬物療法という現状があり、精神医療が必要かという判断材料の一つに、薬物療法が必要かどうか、効果があるかどうかがあげられます。

　精神科医療機関との連携が求められるのは、

①背景に、統合失調症やうつ病などの（内因性）精神疾患の可能性があり、鑑別診断、治療が求められる場合。

②不眠、不安、抑うつなどの精神症状を有し、それらの症状に対して、精神科治療が有効と考えられ、本人もそれを望んでいる場合。

③その医療機関が実施しているデイケアや当事者グループへの参加や訪問看護などの支援を利用したい場合。

④福祉サービスを受けたり、障害年金の申請をしたりするためなどの診断書作成のために受診する場合。

などがあります。

　本人自身が受診を希望したり、受診の勧めにそれほど抵抗なく了解されたりすれば、医療機関との連携もとりやすいのですが、現実的には、医療機関への受診を拒否する人は少なくありません。そのような場合は、医療機関への治療導入を優先しすぎず、まずは、本人・家族との信頼関係を作るところから始めましょう。

　精神科が主に対象としている疾患は、世界保健機関（WHO）が公表している国際疾病分類第10版（ICD-10）の中の、「精神と行動の障害」（Fコード）に属する疾患および「てんかん」（G40）です。主なものとしては、F0：認知症など、F1：依存症、F2：統合失調症圏、F3：気分障害（躁うつ病、うつ病など）、F4：神経症性障害、ストレス関連障害および身体表現性障害、F5：行動症候群（摂食障害など）、F6：パーソナリティ障害、F7：知的障害、F8：心理的発達障害（自閉スペクトラム症など）、F9：行動および情緒障害（多動性障害など）、G40：てんかんが対象となります。これらの疾患・障害は、F7：知的障害を除いて、精神障害者保健福祉手帳の対象になります（知的障害者は、療育手帳を取得します）。

　精神疾患は、病因に基づいて、内因性、心因性、外因性（器質性、症状性、中毒性など）の三つに大きく分類されますが、この中でも、統合失調症と気分障害は、内因性精神疾患に位置づけられ、薬物療法を中心とした精神科治療が必要とされています。また、発達障害（F8：心理的発達障害〈自閉スペクトラム症など〉、F9：行動および情緒障害〈多動性障害など〉）は、これとは別に先天的なものと位置づけられます。

　ひきこもりや発達障害の人を支援していく中で、ときに、鑑別診断が求められる、あるいは併発が考えられる精神疾患があります。ここでは、このうち、統合失調症、気分障害、強迫性障害について説明をするとともに、精神医療の制度などについても触れてみたいと思います。

（2）統合失調症

　ひきこもりの定義の中には、精神疾患を有しないという項目が含まれていることがありますが、実際に、これまで相談歴のない中高年の長期ひきこもり者の中には、統合失調症の未治療の人もおられます。また、ひきこもり始めた当初は精神疾患を疑うような所見がなかった人の中にも、ひきこもりの状態が数年経過してから、幻覚や妄想などの症状が出現し、統合失調症と診断される人もいます。同様に、発達障害か統合失調症かの鑑別診断を求められることもあ

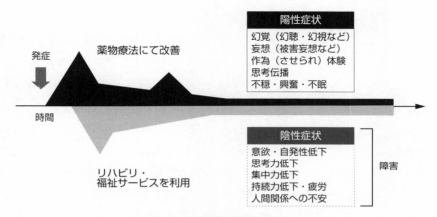

図 29　統合失調症と症状の経過

るのですが、もともと発達障害を有していた人が、20 代になって統合失調症
を発症することもあります。

　統合失調症は、10 代後半から 20 代にかけて発症する精神疾患で、約 100 〜
120 人に 1 人発症するといわれ、けっして少ないものではありません。統合失
調症の始まりのころ、あるいは再発時、幻覚や妄想が見られます。「幻覚」と
は、実際に存在しないものを感じるもので、なかでも、実際に聞こえていない
声や音が聞こえるということ（幻聴）が多く見られます。その内容も自分に対
する悪口や噂といったものが多く、本人にとってはとても不気味で、恐ろしく、
苦しい体験です。幻聴の他にも、存在しないものが見える（幻視）、変な臭い
がする（幻臭）、身体に変な感じがする（体感幻覚）などが見られます（図 29）。
　また、「妄想」とは、現実にない出来事を実際に起きていると信じ込んでし
まうものです。いつも見張られている（注察妄想）、あとをつけられている（追
跡妄想）、人が自分の悪口を言っている（被害妄想）などが見られ、また、はっ
きりとした妄想にはならなくても、何か悪いことが起こりそうでとても恐ろし
い（妄想気分）などの訴えが見られることもあります。また、妄想とまではい
きませんが、現実にないことを疑っている、説明を受ければ何となく現実でな
いことも理解できるという、妄想よりは少し症状が軽度の場合には、念慮とい

う言葉（被害念慮、関係念慮など）を使います。

　この他にも、自分は他人に操られている（させられ体験）、自分の考えが他人に伝わってしまう（思考伝播）といった症状が見られることもあります。

　これらの幻覚や妄想などは、周囲の人から見て、何らかの精神疾患があるのではないかとわかりやすいもので、「陽性症状」「病的体験」とよばれていますが、たとえ現実でない出来事であっても、体験している本人にとっては、恐ろしい現実として感じられ、強い恐怖や不安、混乱の状態にあることを理解しておく必要があります。なお、幻覚や妄想は、統合失調症以外の精神疾患においても認められることがあり、専門医の診断が必要とされます。

　統合失調症は医学的な脳の病気ですが、その診断にあたっては、血液検査、レントゲンやCTスキャン、脳波など、いろいろな検査をしても異常は見られません。統合失調症の原因は完全にはわかっていませんが、薬物の効果やさまざまな研究から、神経伝達物質の過剰反応が起きていると考えられています。神経伝達物質とは、ある神経細胞から別の神経細胞に対して、その細胞を興奮あるいは抑制させる効果を伝える物質です。統合失調症の人は、脳の中のある部分で、神経伝達物質の一つであるドーパミンやノルアドレナリンなどの活動が必要以上に高まっており、それにより幻覚や妄想が出現したり、不穏・興奮状態が起きてきたりすると考えられています。そのため、治療は、これらの神経伝達物質の過剰な興奮を抑える抗精神病薬による治療が中心となります。また、病状が安定したあとも、再発を防ぐために継続的な抗精神病薬の服用が必要とされています。

　治療によって陽性症状がある程度落ち着いてくると、このあと、ぼんやりして活気にも乏しく、動作も大儀そう、自宅でもゴロゴロしているといった症状が見られます（陽性症状が出現する前から見られることもあります）。こういった意欲がない、自発性がない、持続性がない、集中力に乏しいといった症状は、周囲の人から見て病気なのか性格なのかよくわからないと言われることが多く「陰性症状」とよばれています（図29）。もちろん、この陰性症状は、怠けでも性格のせいでもありません。

　家族や周囲の人は、この状態を見て、あまり良くなっていない、前よりも悪くなった、ずっとこのままの状態が続いたらどうしようかなどの不安や心配でいっぱいになります。また、外見的には健康そうに見えることもあり、「単なる怠け」として誤解されてしまうことも少なくありません。これらの陰性症状により、すぐには仕事ができなかったり、家庭生活においても十分に家事などができなかったりすることがあり、この場合には、就労や日常の生活において支援が求められてきます。時間が経つ中で、少しずつ活動性が増してくれば、本人のペースに合わせて関係機関の活動にも参加していくこともできます。

　「脳梗塞で倒れた、左の手足が動かない」、そういった症状が見られると、多くの場合は入院して治療を受けることとなります。治療の結果、ほとんど後遺症を残さずに以前のように手足が動くようになる人もいれば、ある程度手足は動くものの以前のようには動かなくなり50パーセントしか戻らない人（不完全麻痺）もいます。残念ながら、完全に手足を動かすことができなくなってしまう人（完全麻痺）もいます。

　この場合、脳梗塞は、脳の血管が詰まるという「病気」ですが、このあとの手足の不完全麻痺あるいは完全麻痺は、病気の後遺症であり「障害」とよばれます。

　「病気」に対しては治療が必要ですが、単に治療をしているだけでは、「障害」は改善しません。「障害」に対しては、リハビリテーションを行うことが必要になります。リハビリの結果、50パーセントの障害が、ほぼ100パーセント近くまで回復する人もいます。障害そのものは回復しなくても、他の機能で失われた部分を補い、ほとんど以前と変わりなく社会生活を行うことができる人もいます。しかし、リハビリをしたものの、依然として50パーセントの障害が残る人もいます。

　障害が残った人に対しては、障害を持った人を受け入れる社会・職場があること、そしてそれを援助するための社会制度があることも重要です。社会のほうが障害を持った人に近づくことによって、本人の生活の場も広がっていきま

す。たとえば、車椅子の人にとって、スロープが各施設に整備されることによって、生活場面が大きく広がっていきます。一方で、障害を持った人の中には、どれだけ頑張ってリハビリしても、十分に働くことができない人もいます。そんな人には、障害年金などの経済的保障が必要になってきます。こういったスロープや経済的保障は、障害を持った人が地域で生きていくには重要なものとなります。

　ところで、身体障害や知的障害の人たちが何らかの「障害」を持っているように、精神障害者は、どのような「障害」を持っているのでしょうか。

　精神障害者に見られる「意欲がない」「自発性がない」「持続力がない」「集中力がない」「対人緊張が強い」などの陰性症状は、病気の症状というよりも、障害としてとらえることができます。しかし、身体障害のように、はっきりとどこが障害なのかわかりづらいので、「見えない障害」といわれています。障害が見えないがために、本人が自分の障害を認識できず、なかなか「受容」ができなかったり、周囲の人からも、本人の持っている障害が「理解」されなかったりすることがあります。支援者や社会は、この障害を十分に理解し、障害に対して支援を提供していくことが必要となります。

（3）気分障害（うつ状態と躁状態）

　ひきこもりの人の中には、ときに「うつ状態」を示している人がいます。この「うつ状態」に対して、支援者としては、医療機関を勧めたほうがよいのか、実際に医療の効果があるのかなどを悩まれることがあります。

　うつ状態では、気分が「憂うつ」というだけではなく、思考力や活動性が低下する「制止症状」（思考力の場合は、思考制止）や「不安・イライラ」などさまざまな症状が見られます。憂うつ気分が最初から強く認められる人もいれば、当初は「制止症状」が主な症状となる人もいます。

　しかし、うつ状態の人のすべてが、薬物療法が効果的なうつ病（内因性うつ病）というわけではありません。うつ状態を示している人には、内因性うつ病の場合と、反応性のもの、環境要因によるうつ状態などの場合があります（表8）。

表8　（内因性）うつ病と環境要因によるうつ状態

	（内因性）うつ病	環境要因によるうつ状態
原因	あれこれ考えても、漠然としている	はっきりしていることが多い
期間	長引いて、なかなかもとに戻らない	長続きしないで、もとの気分に戻る
周囲の助言	悲観的にとらえてしまう	素直に聞ける
思考	考えても堂々巡りで、軽快しない	少しずつ解決の糸口が見つかる
行動	好きだったことにも、興味がわかない	好きだったことは、それなりにできる
食欲	低下する、おいしく感じない	普通に食べられる
睡眠	不眠が続き、疲弊・消耗している	まあまあ眠れる
治療	薬物療法が効果的 精神療法・環境調整	環境調整、精神療法 薬物の効果は補助的

※この比較は傾向を示すものであり、適時、専門医の診断が必要となります。

　内因性うつ病は、脳の神経細胞の活動そのものが低下することによってうつ状態になっているため、自分の好きなことに対しても興味関心が薄れ（趣味にも集中できない、面白くないなど）、食欲も低下し、睡眠障害も起きてきます。この場合は、抗うつ薬などを中心とした薬物療法の効果が期待できるため、医療機関への受診を積極的に勧めます。

　一方で、人は誰しも、嫌なこと、ショックなことがあるとうつ状態になりますが、その原因が明確で、その原因が改善されると症状も改善されるような場合は、「反応性うつ」「うつ反応」などといい、本来のうつ病（内因性うつ病）と区別されます。

　判断が難しいこともありますが、長期にひきこもり状態にある人は、内因性うつ病よりも、むしろ環境要因などによるものが多く、表面的にはうつ状態であっても、食欲の低下はあまり認めず、睡眠も確保されていれば（昼夜逆転でも日中眠れている）、医療機関への積極的な受診は勧めず、本人面接や家族支援、環境調整を中心に行っていきます。もっとも、内因性うつ病でなくても、本人が強い憂うつ感や不安・不眠の症状を有している場合、これらの症状の改善に対しては薬物療法が効果的なこともあります。この場合、状況に応じて、薬物

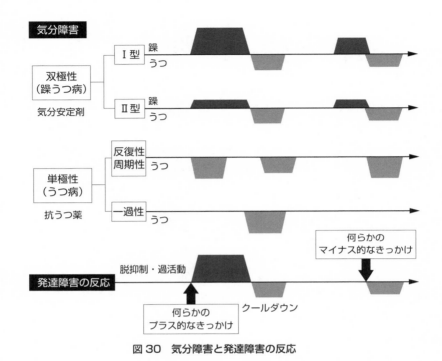

図30　気分障害と発達障害の反応

　療法によりこれらの症状の改善が期待できる可能性があることを説明し、本人が希望すれば、医療機関との連携をとっていきます。

　うつ状態と反対に、もともとの本人と比べて、過活動、抑制欠如、多弁・多動などの症状が出現する「躁状態」が見られることがあります。躁状態とうつ状態が繰り返される場合が「躁うつ病」です。躁状態のときは、そう快な気分で機嫌が良いというだけではなく、怒りっぽくなったり、些細なことでイライラしたりするということもよく見られます。

　これらうつ病、躁うつ病などをひとくくりにして、「気分障害（以前は、感情障害ともよばれていました）」とよぶのですが、うつ病相（うつ状態が2週間以上続く）だけのものを「うつ病」「単極性（障害）」、躁病相（躁状態が1週間以上続く）とうつ病相の両方が認められるものを「双極性障害（躁うつ病）」とよびます（図30）。また、双極性の中でも、「躁」の程度が強いタイプを「双極Ⅰ型

障害」、「躁」であっても社会的に逸脱するほどではないなど躁の程度が軽度（軽躁状態）のタイプを「双極Ⅱ型障害」といいます。軽躁状態は、初めて出会う人にはなかなかわかりづらいですが、日頃の本人をよく知っている人が見ると、「ちょっと、普段よりも調子が高いかな」と気づかれることがあります。たとえば、節約家の人が少しぜい沢な買い物をしたり、内気な性格なのに積極的に人の中に入っていったりします。

　また、躁病相でもうつ病相でも、睡眠時間の減少、不眠が認められますが、同じ不眠でも状態が異なります。躁病相では、少なくとも1週間以上、そう快気分、イライラ・易刺激的などの症状が見られますが、普段の半分程度の睡眠しかとれていないのに、日常生活は、普段以上の過活動で、眠気を感じることもあまりありません。一方で、うつ病相では、少なくとも2週間以上、憂うつ気分や意欲低下、思考制止、食欲低下などが続き、ときに自殺念慮、自殺企図が見られると入院を考慮することもあります。うつ病相でも、強い不眠が見られますが、何日も十分な睡眠をとることができず（眠気程度は見られるが）、強い消耗感、疲弊感を認めます。

　また、双極性障害の場合は、周囲の環境とはあまり関係なく病相の周期が来ることが多く、一度、躁状態になったら1日、2日で治まるということはなく、1週間から数週間続きます。そしてこのあとには、うつ状態が2週間から数週間続き、そのあとにはうつ状態でも躁状態でもない寛解期に入ります。躁状態とうつ状態とが入り交じった混合期を認めることもあり、このときはイライラ感などが強く出てきたりします。また、急速交代型（ラピッドサイクラー）といって、1〜3か月程度の短い周期で躁状態とうつ状態が繰り返す人もいます。

　双極性障害の人と話をすると、「〇日から躁状態になりましたが、先週の△曜日ぐらいからうつ状態に入りました」というように、一定の期間、躁状態、うつ状態が続き、そのスイッチの切り替わりの時期も本人なりに自覚ができたりします。ひきこもりや発達障害の人で、このようにうつ状態や躁状態が周期的に出現する人は、発達障害に双極性障害が発症したと考えます。

　気分障害の治療の中心は薬物療法です。うつ病・うつ状態の治療としては、

抗うつ薬が中心となりますが（78頁）、双極性障害の場合は、病相の出現の予防を目的とした気分安定剤が使われます。

　ところで、気分障害の人の中には、背景に発達障害を有する人も少なくありません。発達障害者のほうが、特性への理解、配慮がないとより強いストレスを感じることとなり不適応を起こしやすいため、うつ病を発症しやすいのかもしれません。

　一方で、調子の良いときと調子が悪くて落ち込んでいるときが極端で、双極性障害ではないかと疑われて相談に来られる人もいます。たしかに、双極性障害を合併している人もいますが、一見そのように見えるだけで双極性障害とは異なる人もいます。

　発達障害で双極性障害のように見える人の中には、反応性の人がいます。たとえば、自分の企業で一大イベントがあり、ものすごくテンションが上がって脱抑制で一生懸命に動き回り、躁状態のように見えるのですが、それが終わるとオーバーヒートして疲れが出て、うつ状態に入ってしまうタイプの人もいます。このうつ状態は、むしろクールダウンの時期と考えます。この場合には、投薬よりも面接などを通して、本人自身の対人関係のあり方、物事への取り組み方を見直して、少しずつ自分の考え方や行動を修正していくことを考えていきます。

(4) 強迫性障害

　強迫性障害は、その行為や考えが自分でもつまらない、おかしいことだと理解をしていても、その行為や考えを繰り返してしまう「強迫症状」を認め、その行為や考えをやめると強い不安感に襲われる病気です。結果として、これらの強迫症状の存在が日常生活に大きな支障をきたします。強迫症状には、同じ行為を繰り返してしまう「強迫行為」と、同じ思考を繰り返してしまう「強迫観念」があります。

　たとえば、不潔恐怖があると、何度も手洗いを繰り返すという強迫行為が出現します。また、車を運転していて、もしかしたら人をひいたのではないかと

思うと、そのことが頭から離れなくなるという強迫観念が見られることもあります。

　強迫症状は、発達障害、特に自閉スペクトラム症でも見られる主な特性の一つです。そのため、発達障害の人の中には、過去に強迫性障害と診断を受けていた人もいます。発達障害と並行して、強迫性障害の診断名がつけられている人もいます。また、発達障害者の強迫症状の中には、自分の行っている行為に対して、「つまらない、おかしい」という意識があまりない人もいます。強迫症状に加え、生育歴も参考にしながら、コミュニケーションの障害や感覚過敏などいろいろな特性が見られると発達障害の診断がなされます。

　強迫症状は、身体的・精神的ストレスが高まると、ますます症状が増強する傾向にあり、そのため強迫症状が増強してくるときは、できるだけストレスを軽減していくことが重要となります。強迫症状に対しては、抗うつ薬や抗不安薬などの薬物療法が行われることがありますが、その効果は個々人によって異なります。

2　精神科医療機関の入院制度

　ひきこもりの相談において、精神医療の状況をよく知らない支援者から、「精神科医療機関に入院させてもらえばよい」と助言を受けていたり、あるいは家庭内暴力などがあると、「精神科に入院をさせてください」という話を受けたりすることがあります。しかし、多くの場合、精神科医療機関に入院に至るということは少なく、仮に入院に至ったとしても、短期間であり長期に入院となることはありません。このあたりは、まだまだ、社会の中での精神医療の現状が十分に理解されていないという背景があります。

　精神科医療機関への入院には、一般の医療にはない非自発的入院（いわゆる、強制入院）があります。そのため、内科・外科などの入院は医療法で規定されていますが、精神科の入院は精神保健福祉法で規定されています。

　精神科の入院は、措置入院、医療保護入院、任意入院の大きく三つに分かれ

表9　精神保健福祉法に基づく入院形態

1	**措置入院／緊急措置入院（第29条／第29条の2）**	
	対象	入院させなければ自傷他害のおそれのある精神障害者
	要件	精神保健指定医2名が措置入院が必要と判断した場合に都道府県知事が措置（緊急措置入院は、急速な入院の必要性があることが条件で、指定医の診察は1名で足りるが、入院期間は72時間以内に制限される）
2	**医療保護入院（第33条）**	
	対象	入院を必要とする精神障害者で、自傷他害のおそれはないが、任意入院を行う状態にない者
	要件	精神保健指定医1名が医療保護入院が必要と判断し、かつ、家族等の同意が必要
3	**任意入院（第20条）**	
	対象	入院を必要とする精神障害者で、入院について、本人の同意がある者
	要件	精神保健指定医の診察は不要

ます（表9）。措置入院と医療保護入院が非自発的入院であり、任意入院は自らが入院を希望する自発的入院です。非自発的入院の判断をするのは、精神保健指定医という資格を持つ精神科医です。精神保健指定医は、一定の精神科での臨床経験を有する精神科医が講習を受けたうえで、ケースレポートを提出し口頭試問を経て合格となる、厚生労働大臣が指定する資格です。日本専門医機構や学会などが認定する専門医とは異なります。

　措置入院は、精神保健指定医2名が、入院させなければ自傷他害のおそれがあると判断した場合に都道府県知事が命令を行うものであり、医療保護入院は、自傷他害のおそれはないが、入院を必要とする精神障害者で、任意入院を行う状態にない者に対して、精神保健指定医1名が、医療保護入院が必要と判断し、かつ家族等の同意により行われます。

　あくまでも、統合失調症などの精神疾患を有し、これらの精神疾患による精神症状（幻覚、妄想などの病的体験や気分障害に見られるうつ状態、躁状態）に基づくものとされており、病的体験などの精神症状に基づかない家庭内暴力や暴言は、一般的に非自発的入院の対象にはなりません。時どき、「地域や家族がこれほど困っているのに、どうして入院をさせてもらえないのか」と言われることもありますが、精神科の入院は、精神疾患の治療を目的としており、困っ

ているかどうかではなく、精神障害に基づく症状かどうかということが基準になります。また、非自発的入院の大半を占める医療保護入院の決定をするのは、医療機関の精神保健指定医です。そのため、支援者の勝手な判断で、「これは入院させてもらえばよい」というような助言はまったく現実的ではありません。

支援者は、精神科の入院がどのような法律に基づいて行われているのか、それを決定するのは誰であるのかを理解しておくことが必要です。そのうえで、精神科医療機関を紹介、受診する際には、本人や家族に、精神医療でできることとできないことをきちんと伝えておくことが重要です。

また、以前のように、精神科医療機関に年単位で長期に入院をするということは少なく、近年では、入院された方のおよそ 60% が 3 か月以内に、90% が 1 年以内に退院されています。ただ、単に早期に退院をさせるのではなく、入院当初から、本人を中心に退院後の支援計画を一緒にたて、退院後は本人の意見を十分に聞いたうえで、訪問看護や福祉サービスの利用などが積極的に行われることになります。

3　ゲーム依存

(1) ゲーム依存を考えるにあたって

ひきこもりや不登校の人の中には、一日中、ゲームばかりやっていたり、だらだらとネットや動画ばかりを見ていたりする人が多くおられます。家族の中には、ゲームばかりしているからひきこもりになった、ゲームばかりしているからひきこもりが回復しないと考えたり、あるいは周囲から指摘されたりすることがあります。そのため、ひきこもり者の家族から、「ゲーム依存ではないか」「ゲーム依存を治療してください」と相談を受けることがあります。しかし、まだまだ「ゲーム依存」そのものが十分に理解されていない現状もあり、ここでは、ひきこもりでない場合も含めて、ゲーム依存について述べたいと思います。

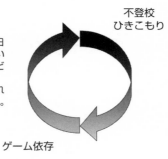

不登校
ひきこもり

実際の相談場面では、
こちらが大半

ゲーム依存の結果として、日常生活に支障をきたしている。一人暮らしの大学生などは、こちらの場合もある。ゲーム依存が改善してくれば、日常生活も安定してくる。

不登校・ひきこもりの結果として、ゲーム依存の状態になっている。この場合、単に、ゲームへの関わりだけではなく、ひきこもり支援などとしての関わりが必要。日常生活が改善（エネルギーの回復、ストレスの軽減など）すれば、ゲームへの依存度も少なくなってくる。

ゲーム依存

ゲーム依存が始まりか、二次的か？

図31　ひきこもりのゲーム依存

　近年、ひきこもりの相談において、「ゲーム依存の治療をしてくれるところはありませんか」と聞かれることがあります。数年前より、ゲーム依存がマスコミで話題になるようになってから、自分の子どもはゲーム依存ではないかという相談が増えてきています。しかし、大半はゲームに没頭しすぎて不登校やひきこもりになったのではなく、ひきこもりや不登校、学校不適応の状態になり、結果的にゲームに没頭しているものです（図31）。ゲーム依存を治療すれば、ひきこもりや不登校も改善すると思っている人もおられるのですが、ほとんどの場合は、ゲーム依存を治したからといって（簡単には改善しませんが）、ひきこもりの状態が改善することはありません。逆に言えば、日常生活が改善してくれば、ゲーム依存の状態も少しずつ改善していきます（やめることはありませんが）。

　一方で、一人暮らしの大学生が夜中にゲームに没頭して、朝起きられずに授業に出なくなり、そのまま不登校の状態になってしまうということもあります。その場合は、大学の学生相談室や保健管理センターなどと連携を持つことになります。

　ゲーム障害は、国際疾病分類 第11版（ICD-11）改訂草案で、病気として定義されました。その定義は、次のとおりです[14]。

（1）持続的または再発性のゲーム行動パターン（オンラインまたはオフライン）で、以下のすべての特徴を示す。

　　a. ゲームのコントロール障害がある（たとえば、開始、頻度、熱中度、期間、終了、プレイ環境などにおいて）。

　　b. ほかの日常生活の関心事や日々の活動よりゲームが先にくるほどに、ゲームをますます優先する。

　　c. 問題が起きているにもかかわらず、ゲームを継続またはさらにエスカレートさせる（問題とは、たとえば、反復する対人関係問題、仕事または学業上の問題、健康問題）。

（2）ゲーム行動パターンは、持続的または挿話的かつ反復的で、ある一定期間続く（たとえば、12カ月）。

（3）ゲーム行動パターンは、明らかな苦痛や個人、家族、社会、教育、職業や他の重要な部分において著しい障害を引き起こしている。

　海外では、長期にわたってゲームをし続けることによって、日常生活に大きな支障をきたすだけではなく、ゲーム中に突然死をするという事例も報告されています。このような重症例に対しては、積極的なゲーム依存に対する治療の必要性も考えられます。しかし、現実の相談の多くは、そのような身体上の重大なものはほとんどありません。むしろ相談のきっかけとなるのは、ひきこもりや不登校に伴ってゲームへの没頭が激しくなったり、ゲームを巡って家庭内暴力などが起きたという場合です。

　また、学校から、「病院を受診して、ゲーム依存を治してきてください」と言われました、という相談もあります。あるいは、一般の相談窓口に行ったところ、「うちには、ゲーム依存の専門家はいません」と対応してもらえなかったという話もあります。「ゲーム依存」が話題になってから、一部の人の中に、「ゲームさえやめれば、大半の問題が解決する」「ゲーム依存は、専門家が必要なので自分たちは見ることができない」などの誤解が生じてきています。

　しかし、実際にゲームに熱中している子どもの背景には、多くの課題があり

ます。ゲーム依存の相談があったときは、**ゲームを過剰にしているという行動だけにとらわれないようにして、その背景にある問題を含めて、まずは家族の相談に耳を傾けましょう**。また、背景に、発達障害を有することも少なくありません。この場合、発達障害についても、正しい理解と支援のあり方を知ることが重要です。

（2）ゲーム依存のきっかけ

ゲーム依存に関する相談があった場合、ゲーム依存を考えるにあたっては、

---

1. ゲーム依存について正しい理解を持つ。
2. ゲームを過剰にしているという行動だけにとらわれない。
   その背景にある、家族や社会の課題を見る。
   ゲームをする時間が少なくなっても、それだけでは解決しない場合が
   多い。
3. 本人や家族を孤立させない。
   本人だけではなく、家族も、孤立、疲弊している。
   他機関に紹介したとしても、本人や家族とは継続的な関係を持つ。

ということが重要です。ただし、ゲーム依存の中でも課金の問題があることがあり、その場合は、消費者センターなどへの相談を行うとともに適切な対応をしていくことが必要です。

ところで、なぜ、ゲームに没頭するのでしょうか。理由はさまざまですが、何か一つというわけではありません。

パターン1．単純に、ゲームが面白い、楽しい。
パターン2．エネルギーの低下で、ゲームくらいしかできない。
パターン3．学校や職場でのストレスの発散。
パターン4．ゲームの中に、存在感を見出している。

パターン5. 背景に発達障害や精神疾患を有している。

パターン6. その他。

これらのパターンが、複数重なっている場合もある。

●パターン1 単純に、ゲームが面白い、楽しい。

　ゲームが面白い、新しく発売されたゲームソフトをしたい。この場合は、ピークを越えれば少しは治まってきますが、一つのゲームが終わるころには、次から次に、新しいゲームが登場してきます。それでも、多くの場合は、自分の生活を守りながらゲームをしています。

●パターン2 エネルギーの低下で、ゲームくらいしかできない。

　ひきこもり、不登校の初めのころ、エネルギーが低下し、集中力・思考力も低下しているため、他のことには集中できません。大人から見ると、ゲームに没頭している本人は、とても集中力があるように見えたりします。しかし、このパターンのときに行っているゲームの多くは、ゲームの場面が次から次へと展開し、それほど記憶力や集中力がなくても可能なものです。集中力の落ちている本人にとって、日常の中でやれること、時間をつぶせることといえば、ゲームに没頭したり、ネットの動画をだらだらと見たりすることぐらいなのです。初期のひきこもり（充電期）支援の現場で最も多く見られるのは、このタイプです。このパターンは、エネルギーの回復とともに集中力・思考力が回復してくれば、徐々にゲーム以外のこともできるようになり、一日中ゲームに没頭しているという生活は次第に改善していきます。

●パターン3 学校や職場でのストレスの発散。

　学校や会社でのストレス（特に人間関係）が高く、その発散（クールダウン）のために、ゲームに没頭しているというタイプです（図32）。ストレスが高まると、クールダウンのためのゲームの時間が長くなり、結果的に睡眠時間が短くなり、より心身の調子が不安定になり、悪循環に陥っていくことになります。本来なら、ゲームに代わるクールダウンの手段の存在があればよいのですが、なかなかそれが見つからない場合は、結果的にはゲームがクールダウンの手段

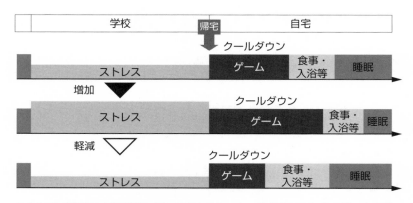

ストレス（学校の人間関係など）が高まると、クールダウンのためのゲームの時間が長くなり、結果的に睡眠時間が短くなり、より心身の調子が不安定になり、悪循環に入っていく。ゲームの時間ばかりに関心を向けるのではなく、現実のストレスの軽減を行うことにより、ゲームの時間が減少することもある。

図32　ひきこもり者のゲーム依存

になってしまいます。周囲からすると、ゲームの時間を短くして睡眠に充てたいところですが、なかなか、それができない場合も少なくありません。また、本人は、ストレスが高まっているので、日常生活全般にも余裕がなく、機嫌が悪かったりイライラしています。

　ゲームの時間ばかりに関心を向けるのではなく、現実のストレスの軽減を行うことにより、ゲームの時間が減少することもあります。このパターンでは、背景に発達障害を有することも少なくありませんが、その場合、発達障害を有する人がどのようなことにストレスを感じるのか（発達障害でない人は、それほどストレスと感じない内容のこともある）をきちんと見ていくことも重要となります。

●パターン4　ゲームの中に、存在感を見出している。

　ゲームの中で、「承認欲求（他者から尊敬されたい、認められたいと願う欲求）」や「関係欲求（友人や家庭、会社から受け入れられたい欲求）」が満たされている場合です。特にオンラインゲームは承認欲求と関係欲求を満たしてくれます。順位や得点が明確なものもあり、すればするほど技術が上がっていることが自覚でき、評価もされます。チームに所属し、そのチームの中に自分の存在感が

あったりします。逆に、現実の世界の中に、これらの承認欲求、関係欲求を満たしてくれるものができてくれば、ゲームにこれらの欲求を求める必要がなくなってきます。ただし、ゲームがあまり得意でない場合は、ゲーム仲間から厳しく叱られて傷つくことがあったり（これでオンラインゲームをやめる子もいます）、自分が強くなるために高額なアイテムを手に入れようとして、多額の課金をするなどの問題が出てくることもあります。

● パターン5　背景に発達障害や精神疾患を有している。

　背景に、発達障害や疾病を有することもあります。注意欠陥多動性障害の傾向のある場合、ゲームが、衝動性をより刺激していきます。最近のゲームの中には、次々に新しいミッションやキャラクター、アイテムが登場することもあり、より衝動性を刺激してきます。また、ゲームによっては、課金をすることで、より成果を高めることができ、貯金などをつぎ込んでしまうこともあります。この場合は、課金などをいかに制限するかということが最初の課題となります。また、発達障害の人の中には、もともと対人関係が苦手で、特に二次障害が強くなると人との関わりを避け、もともと好きなものには熱中する特性もあり、ゲームにのめり込んでしまう傾向が強い人もいます。これは長期のひきこもり者に、時どき見られるパターンです。この場合、まずは障害特性を理解するところから考えていきます。

（3）家族相談への対応

　「ゲーム依存」の状態に対して、本人が自主的に医療機関を受診する場合は、すでに本人自身に何らかの問題意識があり介入しやすい状況にあります。一方で、相談機関では、家族のみの相談も多く、本人のほうは、ゲームをやめよう（時間を減らそう）という意欲や、現状を何とかしなければならないという動機づけに欠けている場合が多くあります。また、家族（特に母親）の中には、ゲーム依存に陥っている本人の状態に対して、配偶者や祖父母、親戚、学校、支援者などから「親が甘やかしている」「親の問題意識が足りない」などと責められ、ゲームをやめる（時間を減らす）気のない本人との間に挟まれ、疲弊

している人も多く見られます。家族も問題意識は持ってはいますが、周囲からの要求内容が強すぎて（ゲーム機を取り上げろ、もっと厳しく対応しろなど）悩んだり、最終的には、周囲からの働きかけに対して拒絶的になっていることもあります。家族が相談に来られたら、「もっと、ゲームの時間を減らすようにしましょう」ではなく、まずは、一番身近にいる家族をねぎらい、相談関係を継続することに努めていくようにします。

ときに、学校などから、「子どもにゲームをやめさせようという気持ちがない家族に問題あり」と言われて、親を紹介されることもあります。相談機関は、必要に応じて学校との連携は必要ですが、必ずしも同じ立ち位置にいるわけではありません。よくよく聞くと、学校からは、「成績が悪いので親がもっとゲームの時間を減らすようにしてください、ゲーム機を取り上げてください」と一方的に叱責され、「それができれば苦労はしない」と憤慨する家族もあれば、もっと子どもと向き合いましょうと言われても、経済的に仕事が精一杯で、そこまで子どもへの対応ができない（子どもからゲーム機を取り上げるというのは、ものすごくエネルギーがいる）という家族もおられます。来所時、多くの家族は、「ゲームをやめさせる」ために、すでに多くの努力、試みをしたものの、いずれも失敗し、疲弊しています。ゲーム機を取り上げるなどの行為は一時中断し、まずは疲れ切っている家族の元気を取り戻すところから始めましょう。「いったん、ゲームと対決することは、やめにしましょう」と言うと、「いいんですか」と肩の荷を降ろしたように、ホッとされる方もたくさんおられます。

　ゲーム依存に関する家族相談への基本的な対応は、次のように進めています（表10）。
①まずは、家族で話し合い、ルール作りをする。

　ルール作りをするなら、子ども自身ができると思えることを一緒に考えましょう。大人が望んでいることだけを提示したルールは、すぐに崩れていきます。大人のほうが1日1時間と決めても、そんな約束はすぐに破られます。子どもは、ゲーム機を買ってほしい、ソフトを買ってほしい、ゲームをしたいと

表10　ゲーム依存への家族への基本対応

①	まずは、家族で話し合い、ルール作りをする。

①で解決が難しい場合

> 1. ゲーム依存について正しい理解を持つ。
> 2. ゲームを過剰にしているという行動だけにとらわれない。
>   （ゲーム依存に至る背景について理解する。）
> 3. 本人や家族を孤立させない。

②	無理矢理、ゲームをやめさせようとしない。
③	ゲームをしている本人に対しては、声かけ程度で。
④	ゲームをしていない本人に対しては、できていることを認める。
⑤	目標は、ゲームとうまく付き合いながら、日常生活ができること。
★	課金などの金銭的な課題には、適切な対応を考えること。
★	併存する疾患を知る（発達障害に対する正しい理解と支援のあり方を知る）。

いう思いから、その場面では大人が提示したルールを一時的には了解しますが、そのようなかたちで作られたルールは、すぐに守れなくなっていきます。

　また、ルールを決めるときに、約束・罰則を作ることは慎重にするようにします。それは、約束が守れなかったときに、どうするかが難しいからです。罰を与えることは、親子にとって強いストレスとなります。将来の約束事で「取り引き」をしないことは重要です。たとえば、不登校の子どもに、「学校に休まずに通うなら、ゲーム機を買ってあげる」と約束をしてゲーム機を買ったとします。子どもは、どうしてもそのゲーム機が欲しいので、学校に行くと約束するかもしれません。しかし、そんなに簡単に登校できるなら、それ以前から登校できています。学校に行けないのは「行けるのに行かない」のではなく、「行けないから行かない」のです。仮に登校を始めたとしても、多くの場合、数日もすれば再び学校に行けなくなってしまいます。そうなったとき、親はどのような対応をするか悩むことになります。ゲーム機を取り上げたとします。子どもは、せっかく買ってもらったゲーム機を取り返すために必死になり、悲

惨な親子の言い争い状態になるかもしれません。逆に、親のほうがあきらめて
ゲームをすることを認めてしまうこともあります。すると、子どもは、「約束
を守らないことが当たり前」というふうに思うかもしれません。

　では、不登校の状態のときに、子どもにゲーム機あるいはソフトを買ってほ
しいと言われたときは、どうすればよいでしょうか。特に、正解はありません。
基本的には、家族の考えに任せています。どうしても悩まれるようなら、考え
方の一つに不登校やひきこもりをしているということは横に置いておいて、不
登校をしていなかったらどうしていただろうと考えてみます。学校に行ってい
たら買っていたと思われるのなら、買われてもかまいません。逆に、学校に
行っていたとしても買っていなかったとしたら、買わなくてもよいかと思いま
す。また、買うにしても、まったくの無条件で買うのは嫌だという家族もおら
れます。この場合は、報酬として実行するほうがわかりやすいことがあります。
将来、できるかできないかわからないことを約束するのではなく、たとえば、
これから1か月間、風呂掃除をする、きちんとできれば、その報酬として買っ
てあげるというやり方です。ゲーム機を買ってもらったら、あっさりと手伝い
をやめた子もいれば、買ってもらってからも習慣になって風呂掃除を続けてい
る子もいます。

　教科書的には、まずはルール作りをしましょうとか、ゲーム機の時間を制限
しましょうとなりますが、それができる家庭は相談には来られません。相談に来
られる場合は、そういったルール作りや制限が難しくなっている場合です。そ
の場合には、どのように関わっていけばよいでしょうか。

②無理矢理、ゲームをやめさせようとしない。

　多くの家族は、ゲームをやめさせるために、ゲーム機を取り上げる、Wi-Fi
を切る、親が自分の職場に子どものゲーム機を持っていくなど、いろいろな努
力をしてきています。しかし、ゲーム機を無理に取り上げると、親子の会話が
「ゲーム機を返す、返さない」に終始することとなってしまい、その結果、親
子間の会話や関係に亀裂が入り、ときに家庭内暴力に発展することもあります。

もはや、無理矢理ゲーム機を取り上げる、やめさせるということはできなくなっています。

　この場合、面接の場面では、まず家族がどのように子どもと向き合いたいかを尋ねてみます。家族の中には、まだ本人のゲーム依存をそこまで重大だと思っていないのに、周囲から、「ゲームをやめさせないといけない」「親に問題意識がなさすぎる」と厳しく言われて混乱していたり、一方で、ゲームをやめさせることができず疲弊していたりすることもよくあります。「なぜ、ゲームに夢中になる？」ということも、考えてみるようにします。背景に、自閉スペクトラム症などの発達障害（もしくは、その傾向）を有する場合は、発達障害の特性に配慮した対応も重要となってきます。もちろん、この場合、急いで診断をつける必要はありません。

③ゲームをしている本人に対しては、声かけ程度で。

　本人が、夜遅くまでゲームをしている場合には、**一定の時刻になれば、「夜が遅いので、そろそろゲームをやめたほうがよい」「寝たほうがよい」と一言だけ親の気持ちを伝えてみましょう。**それ以上の無理強いはしないようにします。このとき本人の返事がなくても、それ以上は言わないようにします。ゲームに熱中してまったく耳に入っていない場合を除いて、多くの場合は本人に聞こえています。本人は、聞こえているけどやめる気がないので返事はしません。

　この場合、親が伝えるのは、「ゲームをやめてほしい」ということではなく、**ゲームの時間を減らしてほしいのは、「あなたの体の健康が心配だから」ということ**を伝えます。

④ゲームをしていない本人に対しては、できていることを認める。

　本人との話し合いは、「ゲームをやめる」という話題は横に置いておいて、「最低限、やるべきことは頑張ろうね」と促してもらいます。学校の宿題・レポート、自宅での家事手伝いなどです。そして、これらのことができたときは、きちんと褒めるようにします。家事手伝いであれば感謝の気持ちを伝えます。

オンラインゲームにはまっている人の中には、ゲームの世界の中で友だちができていたり（関係欲求）、ゲームに参加している人から褒められたり（承認欲求）しています。ゲームの世界の中では自分の欲求が満たされているのですが、不登校やひきこもりの現実の世界では、こういった欲求が満たされていないことも少なくありません。本人が現実の世界で行っていることを認めていく中で、現実の中に関係欲求や承認欲求が満たされてくると、以前ほどゲームの世界に没頭していかなくなる場合も少なくありません。あくまでも目標は、ゲームとうまく付き合いながら日常生活が送れることと考えていきましょう。

⑤医療機関へ紹介する場合

　相談機関であるなら、まずは相談機関としてきちんと対応をすることが重要です。明確な精神症状がないのなら、必ずしも医療機関へ紹介をする必要はありません。また、精神科医療機関でできること、できないことを知っておくことも重要です。精神科に行けば、ゲーム依存がどんどん治っていくということは、残念ながらまずありません。相談者が、医療受診に過剰な期待を持ちすぎないようにする注意も必要です。具体的に、精神科を紹介するのは、①統合失調症、気分障害（躁状態）などの精神疾患が疑われ、積極的な薬物療法による治療が必要と考えられる場合、②不眠、抑うつなどの症状が強く、本人自身も薬物療法を含む精神科治療を望んでいる場合などです。昼夜逆転の生活を送っているからといって、その改善を最優先にする必要はありません。

　医療機関を紹介するにあたっては、その医療機関が、「ゲーム障害・ゲーム依存」を専門にしているのであれば「ゲーム依存」として紹介することは可能です。しかし、そうでない医療機関であれば、「ゲーム依存の人を診てください」という丸投げ状態では、多くの場合、断られるのは当然です。紹介する側として、紹介先の機関に何を望んでいるかを伝えることが必要です。たとえば、「なかなかゲームをやめることができない男性が、不眠で悩んでおり、本人も治療を望んでいる」「ずっとゲームばかりしている女性が、不安や抑うつ気分が強く、それを治すために受診を望んでいる」などであれば、医療機関として

求められていることが理解できるので、受診を受け入れられると思います。

　なお、本人自身が、治療・受診意欲もない状態での医療受診は困難です。このような場合は、まず、家族の継続相談から考えるようにします。中には、本人も、病院は拒否するが相談機関ならよいという場合もあり、本人の相談につながっていくことも少なくありません。

参考文献

(1) 川口　栄・植田俊幸（1997）．　長期引きこもりの実態と家族関係——引きこもりを持つ家族への援助を考える——　安田生命社会事業団研究助成論文集, *33*, 207-210.

(2) 齊藤万比古（研究代表）（2010）．　ひきこもりの評価・支援に関するガイドライン——思春期のひきこもりをもたらす精神科疾患の実態把握と精神医学的治療・援助システムの構築に関する研究——　厚生労働科学研究費補助金こころの健康科学研究事業

(3) 内閣府政策統括官（2016）．　若者の生活に関する調査報告書

(4) 内閣府政策統括官（2019）．　生活状況に関する調査報告書

(5) 上原俊平・馬渕伊津美・加藤美由紀・山下倫明・渡部一惠・原田　豊・山本恵子（2016）．ひきこもり者職場体験事業の現状と効果——過去の取り組みとの比較から——　全国精神保健福祉センター長会会報, *57*, 106-107.

(6) 原田　豊（2016）．　精神保健福祉の日進月歩⑥　14年目を迎えたひきこもり者の「職場体験事業」——ひきこもり支援センターと精神保健福祉センターの連携——　公衆衛生情報, *46*, 18-19.

(7) 浜田千登勢・山下倫明・永美知沙・井上智美・原田　豊・山本恵子（2021）．　鳥取県におけるひきこもり者の社会参加・就労支援——ひきこもり職場体験事業の経過と現状から——　全国精神保健福祉センター長会会報, *60*, 38-39.

(8) 山下倫明・浜田千登勢・馬渕伊津美・加藤美由紀・原田　豊（2019）．　中高年層ひきこもり者の現状と課題——40歳以上ひきこもり者の相談状況から——　精神科治療学, *34*, 699-706.

(9) 特定非営利活動法人KHJ全国ひきこもり家族会連合会（2018）．　ひきこもりの実態に関するアンケート調査報告書

(10) 原田　豊・川口　栄・角田智玲・田中有里・元木順子・渡部一惠・新田雅美（2006）．　鳥取県における社会的ひきこもりの背景と課題——精神保健福祉センターおよび各福祉保健局におけるひきこもり相談から——　鳥取医学雑誌, *34*, 64-70.

(11) 加藤美由紀・馬渕伊津美・上原俊平・山下倫明・田中茂子・臼井知子・田村有希・渡部一惠

原田　豊（2016）．ひきこもりの状態像と必要とされる支援について——鳥取県立精神保健福祉センターにおけるひきこもり相談から——　全国精神保健福祉センター長会会報, *57*, 100-101.

(12) 辻本哲士・原田　豊（2019）．保健所、精神保健福祉センターの連携による、ひきこもりの精神保健相談・支援の実践研修と、中高年齢層のひきこもり支援に関する調査報告書（平成30年度地域保健総合推進事業）　日本公衆衛生協会

(13) 辻本哲士・原田　豊（2020）．保健所、精神保健福祉センターの連携による、ひきこもりの精神保健相談・支援の実践研修と、地域包括ケアシステムによる中高年齢層のひきこもり支援に関する研修の開催と検討報告書（令和元年度地域保健総合推進事業）　日本公衆衛生協会

(14) 三原聡子・樋口　進（2019）．新たな疾患としての「ゲーム障害」の現状　精神科治療学, *34*, 1093-1097.

おわりに

　この本をまとめ始めたころは、全国に新型コロナウイルスの感染が広がり始め、今までに経験したことのない自粛生活を求められたときでした。さまざまなイベントが中止となり、職場でも業務の一部を在宅勤務で行うことが検討され、ソーシャルディスタンスを保つことなどが求められました。個人的にも、楽しみにしていたコンサートが中止となり、家族で予約していた温泉旅行もキャンセルとなりました。

　私自身の職場でも、面接相談はこれまでどおり継続されていたものの、多くの会議や研修会は延期もしくは中止となり、県外への出張はすべてなくなりました。おかげで、毎日規則正しく帰宅し、土日はのんびりと自宅で過ごしウォーキングに出かけるという、表面的には、今までにない（非日常的ではありますが）健康的な生活を送ることとなりました。

　当初のマスコミ報道はコロナ一色となり、一部のワイドショーは、他人を非難する、不安をあおる、怒鳴りたてるなど不快なものも少なくなく、テレビ自体がつまらない媒体となりました。一方で、ユーチューブやツイッターなどでは、「コロナに負けない」というキャッチフレーズのものが企画されるようになりましたが、ある意味ではこのような企画も非日常的なもので、今一つ関心を抱くことはできませんでした。非日常的なのに安定した毎日というのは、何となくつまらないものです。そんな中で、当時の私のお気に入りといえば、毎日午後7時28分頃からユーチューブで配信される、共同生活をしているという関西のアイドルグループが一緒に食事を作って、食べて、たわいもない話をするという番組でした。仲良く、楽しく、どうでもいいような日常の会話だけで、終わったあと、くだらねぇ（関西人にとっては、一番の褒め言葉）と思える、何気ない日常の一場面にすぎませんが、実は、日常生活で必要なのは（そして、自粛生活で失われたものは）、こういったどうでもいいような時間の積み重ねなんだと感じました（関西人らしく番組は面白かった）。

　仕事ではZoomなどを使ってのウェブ会議もあり、たしかに、業務連絡が中心となるような会議であればこれで十分です。しかし、同じように現場で支援や臨床を行っている者同士としては、会議の前後や合間にある雑談、余談、無駄話などが十分にできないウェブ会議はとても物足りないものでした。

　そんなことを考えながら、何とか本の完成に至りました。全国精神保健福祉センター長会では、日本公衆衛生協会のご厚意により、以前から厚生労働省地域保健総合推進事業班研究を行っているのですが、平成28年度（2016）からは、ひきこもりを中心とした研究を行い、ここ3年間は全国の保健所、精神保健福祉センタースタッフなどを対象としたひきこもり支援の研修会を開催してきています。私のほうは、その中での講義を担当させていただいているのですが、なかなか決められた時間内に話をまとめることができなかったり、参加者からのご質問に十分にお答えすることができなかったりすることもありましたので、今回これらの研修で行った講義の内容を中心にまとめてみました。一通り書き終わったあとも、あの部分をもう少し詳しく書いたほうがよかったのではと思うことも多々あるのですが、そのあたりは、また、どこかの研修の場で提供させていただきたいと思います。

　発刊にあたり、ひきこもりをはじめとして多くの精神保健福祉相談、支援を一緒に頑張っていただいている鳥取県立精神保健福祉センターのスタッフの皆さま（もちろん、今は異動して他の部署で活躍している皆さまも）、いつも快く連携をしてくださっている、とっとりひきこもり生活支援センターの山本恵子代表をはじめとするスタッフの皆さま、いつも頼りになる保健所、市町村の保健師さんをはじめとする行政機関の皆さま、私の無理難題を引き受けていただいている医療機関の皆さま、いつも私の困りごとをかなえてくださる鳥取県庁の皆さま、飽きることなく（？）私の相手をしてくださる全国精神保健福祉センター長会や日本公衆衛生協会事務局の皆さま、そして、話をじっくりと聞かせていただいている相談者のご本人やご家族の皆さま、その他、日頃よりご援助、ご協力いただいている関係機関の方々に感謝申し上げます。また、出版に関しまして、多くのご助言、ご指導を頂きました、和歌山県精神保健福祉センター

の小野善郎所長、ならびに福村出版株式会社の宮下基幸代表取締役社長に深謝申し上げます。

　そろそろ、旅行に行きたい（まだ、仕事上、無理はできないけど）、コンサートにも行きたい（配信ライブも面白いけど、やっぱり現場が一番）、おいしいものも食べに行きたい、おいしいチーズケーキも食べたい、そんな何気ない日常の生活が少しずつ戻ってくることを願いながら。

令和2年9月17日

原田　豊

［著者紹介］

原田 豊（はらだ・ゆたか）

略歴：1957 年大阪市生まれ。鳥取大学医学部卒業。同大学院を経て、鳥取大学医学部附属病院精神科神経科、国立療養所鳥取病院（現、鳥取医療センター）、国立浜田病院（現、浜田医療センター）神経科、島根県島後町村組合立隠岐病院精神科に勤務。

現在：1991 年 10 月より鳥取県立精神保健福祉センター所長。2018 年 4 月より鳥取県福祉保健部理事監（同センター所長兼務）。医学博士。精神保健指定医、日本精神神経学会精神科専門医・指導医。社会医学系専門医・指導医。全国精神保健福祉センター長会副会長。

主著：『大人のアスペルガー、子どものアスペルガー──家庭、学校、職場、そして地域生活での支援』（東京図書出版、2013 年）、『そのままの君が好きカボチャ』（今井書店、2001 年）など。

支援者・家族のための
ひきこもり相談支援実践ガイドブック
8050 問題、発達障害、ゲーム依存、地域包括、多様化するひきこもり支援

2020 年 10 月 5 日　　初版第 1 刷発行
2021 年　7 月 5 日　　　　第 2 刷発行

著　者　原田　豊
発行者　宮下基幸
発行所　福村出版株式会社
　　　　〒 113-0034　東京都文京区湯島 2-14-11
　　　　電話　03-5812-9702　FAX　03-5812-9705
　　　　https://www.fukumura.co.jp
印　刷　株式会社文化カラー印刷
製　本　協栄製本株式会社

福村出版◆好評図書

高木秀明 監修／安藤嘉奈子・小沢一仁・橋本和幸 編

挫折と向き合う心理学
●青年期の挫折を乗り越えるための心の作業とその支援

◎2,700円　　ISBN978-4-571-23061-5　C3011

不安定な青年期に待ち受ける「挫折」。青年が挫折と向き合う方法とその意味，支援のあり方を丁寧に論じる。

日本応用心理学会 企画／玉井 寛・内藤哲雄 編
現代社会と応用心理学 3

クローズアップ「健康」

◎2,400円　　ISBN978-4-571-25503-8　C3311

現代日本社会における健康に関わるトピックを，現実的で多面的な視点から捉え，応用心理学的な解説を試みる。

日本応用心理学会 企画／内藤哲雄・玉井 寛 編
現代社会と応用心理学 6

クローズアップ「高齢社会」

◎2,400円　　ISBN978-4-571-25506-9　C3311

現代日本社会の象徴といえる高齢社会の現実的様相を多面的な視点から捉え，応用心理学的な解説を展開する。

B. M. プリザント・T. フィールズ=マイヤー 著／長崎 勤 監訳
吉田仰希・深澤雄紀・香野 毅・仲野真史・浅野愛子・有吉未佳 訳

自閉症　もうひとつの見方
●「自分自身」になるために

◎3,000円　　ISBN978-4-571-42066-5　C3036

自閉症の子どもを一人の人間として捉えなおし，その特性を活かしつつ共に豊かな人生を得る方法を提示する。

松本敏治 著

自閉症は津軽弁を話さない
●自閉スペクトラム症のことばの謎を読み解く

◎1,800円　　ISBN978-4-571-42063-4　C3036

自閉症児者が方言を話さないというのは噂なのか，それとも真実なのか。著者10年にわたる研究成果の書下ろし。

松本敏治 著

自閉症は津軽弁を話さない リターンズ
●コミュニケーションを育む情報の獲得・共有のメカニズム

◎1,800円　　ISBN978-4-571-42076-4　C3036

方言を話すようになった自閉症の情報が寄せられた。再び調査開始。社会的スキルの獲得と関係性の変化を探る。

北川聡子・小野善郎 編

子育ての村ができた！
発達支援，家族支援，共に生きるために
●向き合って，寄り添って，むぎのこ37年の軌跡

◎1,800円　　ISBN978-4-571-42075-7　C3036

障害や困り感のある子どもと家族をどう支えるのか，むぎのこ式子育て支援の実践からこれからの福祉を考える。

◎価格は本体価格です。